O Cotidiano da Espera

Gustavo Queiroz

O Cotidiano da Espera

1ª Edição
POD

Petrópolis
KBR
2012

Edição de texto **Noga Sklar**
Editoração: **KBR**
Capa **KBR sobre foto IVECO**
Fotos miolo **Gustavo Queiroz**

Copyright © 2012 *Gustavo Queiroz*
Todos os direitos reservados ao autor.

ISBN: 978-85-8180-047-9

KBR Editora Digital Ltda.
www.kbrdigital.com.br
atendimento@kbrdigital.com.br
55|24|2222.3491

**Gustavo Queiroz** é jornalista, formado em 2008 pela FIAM FAAM. Atuando em mídias segmentadas, tem presença de destaque na revista *Transpo Magazine*, além dos portais de notícias *TranspoOnline* e *Luxus Auto*, onde atua como editor e repórter. Desde 2005, a partir da história em quadrinhos *Transmetropolitan*, vem fazendo experiências no jornalismo literário/ gonzo.

Email: gustavo@transpoonline.com.br

Dedico este livro à minha Fernanda Becker, que me ligava diariamente durante esta incrível jornada e que representa muito pra mim.

Sumário

Agradecimentos • 11
Introdução • 15

Primeira parte • 17
    Capítulo 1: Entrosamento • 19
    Capítulo 2: Reconhecendo o ambiente • 33
    Capítulo 3: Perfil de Furlanetto • 45
    Capítulo 4: De volta ao Cuia Cuia • 51

Segunda parte • 67
    Capítulo 5: E lá vamos nós... • 69
    Capítulo 6: O som dos pampas e alguns problemas • 79
    Capítulo 7: Discutindo o indiscutível: religiões • 89
    Capítulo 8: Um dia de muitos significados • 95
    Capítulo 9: Um monótono dia de surpresas • 107

Agradecimentos

O livro não é muito extenso. De toda forma, me sinto na obrigação de agradecer a uma série de pessoas que tornaram este projeto viável.

Logo de cara, a Iveco topou uma parceria para o desenvolvimento deste trabalho providenciando uma verba de patrocínio, além de ter disponibilizado um caminhão, modelo Stralis 380 na versão 6x2, por intermédio da Vanguarda do Brasil, um dos principais clientes da marca.

Foi o gerente de frota da Vanguarda do Brasil que fez um grande esforço para colaborar com a realização deste trabalho. Mesmo sem nos conhecermos antes da viagem, Dirceu Camilo Costa concordou imediatamente com o projeto, me apresentando a profissionais do setor, oferecendo carona e até me presenteando com o par de óculos que carregava em seu rosto, quando estávamos sob o escaldante sol cuiabano.

Não poderia deixar de agradecer ao jornalista Cláudio Júlio Tognolli, não por acaso o orientador do meu Trabalho de Conclusão de Curso (TCC). Desde que o conheci, no primeiro semestre do curso de jornalismo, guardo uma admiração especial por ele, não só pela qualidade de seu trabalho profissional, indiscutível, mas por ser um dos poucos professores que sempre instigaram e incentivaram a turma, no estudo do nosso ofício e no desenvolvimento das matérias, explorando nosso potencial. Recordo que comecei a aprofundar meu conhecimento sobre o jornalismo literário e gonzo, ainda nos primórdios do curso. Primeiramente, quis entender melhor o que é o jornalismo gonzo, e me surpreendi ao descobrir em uma pesquisa na internet uma história em quadrinhos de Warren Ellis batizada de *Transmetropolitan*, livremente inspirada na carreira do jornalista Hunter S. Thompson, que tanto me ensinou em aulas póstumas, através de seus livros. Esses caras me convenceram de que o jornalismo não precisa ser burocrático.

Devo agradecer também ao jornalista Roberto Queiroz — por acaso é meu pai —, que atua no setor dos transportes de cargas desde o milênio passado e com quem aprendi a gostar dessa área de caminhões. Sem nunca me forçar a nada, me apresentou a um nicho fascinante do mercado, que mesmo sendo tão discriminado em termos de imagem, e frequentemente abandonado pelas autoridades, é um dos braços mais importantes da economia mundial. Tanto, que é possível mensurar o andamento da economia pelo volume de vendas dos transportes de cargas.

Agradeço imensamente a todos os caminhoneiros que conheci nessa jornada, que se colocavam à minha disposição para qualquer eventualidade e que, principalmente, me incentivaram e torceram pelo sucesso deste livro. Ao contrário de muitos colegas que pediram um exemplar de presente, os motoristas com os quais conversei, sem exceção, afirmaram que vão comprar seus exemplares a fim de me ajudar.

Voltando ao campo acadêmico, gostaria de homenagear os melhores e brilhantes professores que tive durante o curso de jornalismo, Edgard Barros, Edson Rossi, Adriana Teixeira, Adriana Paone, Ênio Moraes, Arquimedes Pessoni e Ciça.

Na Iveco, preciso agradecer imensamente ao apoio

prestado, em especial ao Marco Piquini, diretor de comunicação da marca; Vivian Damasceno, secretária de Piquini; Priscila Aires, estagiária do departamento de comunicação da montadora; MM Editorial, que presta serviços de assessoria de imprensa para a montadora; Marta de Souza, assessora de imprensa e proprietária da empresa; Fernanda Chiossi, também da MM Editorial; José Thomaz de Oliveira Neto, diretor da concessionária Iveco Torino; Artur Fitipaldi, também da concessionária Iveco Torino; Fausto Martelli, proprietário do Grupo Martelli; e Vicente Goduto Filho, em uma de suas últimas ações como diretor de vendas aos grandes frotistas da Iveco, que atualmente trabalha na Comolatti.

    O último parágrafo, não menos importante, dedico ao Gilson Furlanetto, caminhoneiro com o qual enfrentei esta incrível jornada a bordo de um caminhão Stralis e que, mesmo pego desprevenido, topou e colaborou imensamente para a realização deste projeto — um sujeito comum que se tornou protagonista de um livro-reportagem que nada mais é do que um relato de sua vida, um reflexo parcial da vida de um bom motorista profissional.

    Para concluir, registro a colaboração e a paciência da família de Gilson, que compreende e respeita o seu ofício; agradeço por terem me acolhido por uma noite em sua residência. Ao Gilson, Leila, Jefferson e Jackson, meu muito obrigado.

Introdução

Olá!
Comecei a vislumbrar esta jornada como possível tema para um TCC há uns dois anos; mas só fui amadurecer o projeto durante o primeiro semestre de 2008, data da obrigatoriedade de definição do assunto por parte da faculdade.

Este livro é meu primeiro grande projeto, ponto de partida de minha carreira jornalística, meu cartão de visitas para o mercado profissional. Comecei a contar quilometragem e o resultado me faz acreditar que escolhi a profissão certa: jornalista. É o que sou. Agora, efetivamente.

Seguindo esse raciocínio, me decidi por um assunto corriqueiro no segmento de trabalho em que atuo, continuamente, desde março de 2007. Escrevo para o portal *Transpoonline*, um veículo de comunicação especializado no mercado dos transportes de cargas com foco nas empresas do setor, frotistas e montadoras, entre outras.

Pensei em um tema que pudesse projetar minha carreira. Por isso, optei por um livro-reportagem com foco no caminhoneiro, um lado da história com o qual tivera pouco contato até então. Minha breve experiência com esse tipo de profissional se deu durante um curto período de estágio, em que trabalhei com o jornalista Pedro Trucão — a quem sou muito grato — no programa de televisão "Pé na Estrada", e num programa de rádio homônimo.

Era disso que eu precisava: botar efetivamente o pé na estrada e conhecer um pouco desse dia-a-dia, tão penoso. Afinal, os caminhoneiros carregam o Brasil nas costas, não deixam faltar produtos nas gôndolas e prateleiras das lojas...

Este livro-reportagem, entretanto, não tem a pretensão de ditar regras e jogar verdades na cara do mundo. Não. É um relato absolutamente parcial, sob o meu ponto de vista pessoal. São observações diretas, mesmo que de passagem. É isso.

Por sorte, o motorista com o qual passei quase dez dias na estrada era um bom sujeito, de caráter irrepreensível, que se mostrou, o tempo todo, um profissional correto e exemplar — longe daquele estereótipo afrontoso do caminhoneiro bêbado, "putanheiro", que dirige o caminhão sem camisa e com o braço pra fora, não respeita as regras nem o bom senso do trânsito.

A viagem que narro a seguir é um recorte de uma realidade, dentro das possibilidades sugeridas. Não tenho como objetivo esgotar o assunto, tão vasto e carente de atenção por parte da imprensa, da sociedade e das autoridades (in)competentes.

Boa leitura!

Primeira parte

Capítulo 1
Entrosamento

29/setembro/2008

Acordei antes que o meu telefone celular pudesse me despertar, às 8h00 do horário local — uma hora atrás do horário de Brasília, ao qual estou habituado em São Paulo —, como havia programado. Estava ansioso e sozinho em Cuiabá, capital do Mato Grosso. Tudo o que queria naquele momento era dar início ao trabalho a bordo de um caminhão Iveco Stralis, de propriedade da Vanguarda do Brasil, uma empresa que atua nos ramos de agricultura, agroindústria, pecuária e logística em transportes para a distribuição de suas mercadorias.

Queria aproveitar o dia inteiro; e logo às 9h15, que considerei um horário razoável para fazer o primeiro contato, liguei para Dirceu Camilo Costa, gerente de frota da empresa e meu único contato no Estado. Fracassei em minha primeira tentativa, pois a ligação caiu direto em sua caixa postal. Não deixei recado.

Decidi assaltar o frigobar do apartamento 410 do hotel DeVille enquanto dava início a uma série de matérias que haviam ficado pendentes de minha recente viagem ao IAA, a maior feira de caminhões do mundo — em Hannover, na Alemanha. Posicionei o notebook no balcão, encostado na parede, onde também estava o aparelho televisor do quarto.

Devo ter me frustrado em mais duas ou três tentativas de contato com Dirceu ainda durante a manhã cuiabana. Estava preocupado, precisaria fazer o *check-out* no hotel até o meio-dia. Não tive dúvidas. Desci até a recepção e prorroguei minha reserva, por dois motivos: não tinha onde deixar minha bagagem, que depois descobriria ser bastante exagerada; e não tinha certeza se o trabalho começaria ainda naquele dia.

Da recepção do hotel fui em direção à porta da frente, que abriu automaticamente. Pude sentir o bafo de um sol escaldante: fazia 38º naquele momento, e dada a falta de vento, me senti exatamente como se entrasse em um carro deixado trancado e debaixo do sol. Foi uma sensação bastante desconfortável. Sem conhecer absolutamente nada em Cuiabá, saí a esmo, na expectativa de encontrar um lugar qualquer para almoçar. Encontrei uma lanchonete, vizinha de uma praça, dois quarteirões atrás do DeVille. Comi dois sanduíches naturais, tomei um refrigerante e parti em direção ao refrescante e, a essa altura divino, ar condicionado do hotel.

De volta ao *lobby*, passei a notar um trânsito muito grande de atletas de diversas delegações internacionais. Me dei conta de que eram seleções de vôlei masculinas, que disputavam a Copa América da modalidade. Voltei ao meu quarto. Tentei deixar a televisão ligada enquanto prosseguia trabalhando, imerso nas matérias, mas não havia nada que prestasse (pelo menos, não para o meu gosto).

Depois de mais duas tentativas, na terceira, por volta das 15h30, consegui falar com o Dirceu. Ficou combinado que um motorista da Vanguarda me pegaria por volta das 17h30, na portaria do hotel.

***

Paguei a diária que havia reservado com 50% de desconto, além do refrigerante estupidamente gelado que pegara no frigobar. No horário combinado, o motorista me encontrou — Jomilson. Tinha um ar interiorano, mole, mas muito sereno. Trajava uma camisa com a logomarca da Vanguarda, bermuda vermelha e chinelo de dedo verde; me lembrava o estereótipo do caminhoneiro, mas não aqueles gordos, que dirigem o caminhão sem camisa e com o braço para fora da janela. Quando entrei no carro, havia outro homem no banco do passageiro. Pensei que fosse o Dirceu, mas não era. Me apresentei e em resposta o sujeito me disse seu nome: Oscar, outro motorista de caminhão.

Curiosos, os dois me perguntaram o que eu tinha ido fazer por aquelas bandas. Expliquei que estava na reta final da faculdade de jornalismo e planejara um TCC sobre o dia-a-dia do caminhoneiro na estrada. Logo o assunto acabou e ficamos em silêncio, só interrompido quando os dois conversavam sobre em que rua estávamos. Durante o percurso, Jomilson deixou o carro morrer três vezes, todas porque, após parar o carro em algum semáforo, tentava engatar a segunda marcha para arrancar, como faz usualmente com o caminhão da empresa. Pouco antes de chegarmos ao nosso destino, Oscar desceu do carro, próximo ao hotel em que estava hospedado.

Por volta das 18h00 chegamos ao posto Trevisan, onde está estabelecida uma das bases da Vanguarda e de onde Dirceu delega as tarefas aos caminhoneiros. Já estava quase escuro e a temperatura amenizou um pouco, nada que fosse suficiente para refrescar. Jomilson me encaminhou imediatamente para a sede, onde havia pouco menos de 10 pessoas. Cumprimentei um a um e escutei uma voz distante:

— O Gustavo chegou, finalmente. — Saiu da sala um homem com mais ou menos a minha altura (meço 1,79m), aparentando entre 45 e 50 anos, um pouco mais gordo do que eu, barba aparentemente feita no dia e a pele branca, mas queimada pelo mormaço cuiabano. Era Dirceu. Vestia calça jeans e uma camisa social branca, com a logomarca da empresa bordada na altura do peito esquerdo, como se fosse um distintivo de um time de futebol (padrão em todos os tipos de uniformes da empresa).

A sala em que entramos não era muito grande; tinha paredes de cor creme, móveis de madeira, cadeiras e sofá de couro preto, além do imprescindível ar condicionado, que só para de funcionar quando o último funcionário apaga a luz e tranca a porta ao final do expediente.

Após cerca de 10 minutos de conversa, quando expliquei o meu projeto e recebi muitos incentivos, Dirceu se espantou com o volume de minha bagagem, e indagou, brincando:

— Porra. Quanto tempo você vai passar na estrada, um mês?

Eu trouxera apenas uma troca de camisa, e para uma semana cheia. As cuecas e meias também estavam contadas para uma semana. Tinha duas calças jeans à mão — estava usando uma, a outra guardada na mala marrom claro —, além de um único tênis preto por conta do qual me zoaram também, pois o recomendável para esse tipo de situação são botinas, como meu pai já me alertara antes da viagem.

Em seguida, adentrou o local um sujeito quase quarentão de estatura mediana — algo em torno de 1,70m — sorridente, de olhos azuis, barba feita, pele branca, mas também ligeiramente bronzeada por causa do clima matogrossense. Trajava calça jeans, camisa bege da Vanguarda, um par de botinas de camurça bege e um boné verde (que o acompanharia durante toda a nossa jornada) cobrindo seus cabelos castanhos, já sob o efeito da ação do tempo, com alguns fios brancos — mas nem de longe parecendo um galã de novela ou cinema. Era de Santa Catarina, viera em busca de melhores condições de vida e estava conseguindo.

Dirceu se apressou em consultá-lo:

— Tenho um trabalho pra você, um carregamento até o Porto de Paranaguá, mas antes você vai buscar a pluma lá em Nova Mutum (MT) e esse cara, o Gustavo, vai acompanhar você na viagem. Você topa?

O trabalho foi prontamente aceito por Gilson Furlanetto, motorista profissional. Fui conhecer o caminhão em que iríamos viajar, um extrapesado Iveco Stralis 380, 6x2, placa MT – Lucas do Rio Verde NJI 1078, branco e novo em folha. Tanto, que a primeira revisão obrigatória do caminhão, de 10.000 km, deveria acontecer durante a viagem. Para esse determinado frete, Furlanetto teve que engatar um bitrem da Noma, tipo graneleiro.

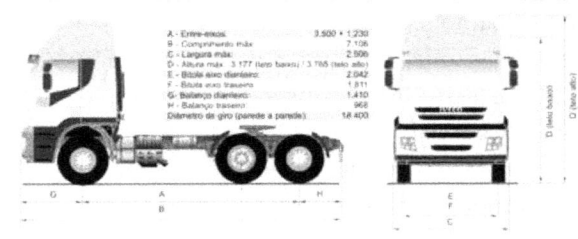

CHASSI

Direção: hidráulica / ZF 8097
Embreagem: monodisco a seco com mola diafragma de acionamento hidráulico, servoassistida e de regulagem automática. Ø 430 mm
Suspensão dianteira: molas semi-elípticas de estágio único com batentes de borracha, mancais silent block isentos de lubrificação, amortecedores telescópicos hidráulicos de dupla ação e barra estabilizadora
Suspensão traseira: sistema balancim com molas semi-elípticas assimétricas de simples flexibilidade e suspensor pneumático do eixo auxiliar
Tração: 6x2
Rodas: 8,25 x 22,5"
Pneus: 295/80 R22,5

ABASTECIMENTO litros

		Especificação
Combustível: 2 x 280		
Óleo do cárter: 32		API CI-4 / ACEA E3 CCMC D5 / SAE 15W40
Transmissão: 14,5		MIL-L-2105 / SAE 90
Eixo traseiro com diferencial: 22		API GL-5
		MIL-L-2105D / SAE 140 EP
Direção hidráulica: 3		—
Líquido de arrefecimento: 50		SAE J1034/91 / NBR 13075/96

PESOS kg (vazio, em ordem de marcha)

	Cab. leito teto baixo / teto alto
Eixo dianteiro:	4.860 / 4.960
Eixo traseiro:	3.510 / 3.510
Total (PBT):	8.370 / 8.470

CAPACIDADE DE CARGA kg

Eixo dianteiro:	8.000
Eixo traseiro:	18.000
Total (PBT):	23.000 (legal)/26.000 (técnico)
Peso Bruto Total Combinado (PBTC):	57.000 (bitrem)
Capacidade Máxima de Tração (CMT):	60.000

ESTRUTURA

Chassi: escada, constituído de longarinas planas de perfil "C", unidas por travessas rebitadas e parafusadas à alma, em Fe E 490
Cabine: avançada, disponível nas versões leito teto baixo e teto alto, basculante, c/ susp. pneumática
Nº de assentos: 1+1

MOTOR (modelo, potência e torque)

- Iveco Cursor 13
  380 cv (279 kW) @ 1.500 – 1.900 rpm
  183 mkgf (1.800 Nm) @ 1.000 – 1.400 rpm

FREIOS

Serviço: tipo S-came, pneumático, a tambor nas rodas dianteiras e traseiras, com circuitos independentes para o freio dianteiro, traseiro, reboque, estacionamento e emergência
Estacionamento: atuação por mola acumuladora nas câmaras de freio do eixo traseiro.
Freio adicional: Iveco Turbo Brake, com 347 cv @ 2.400 rpm. Acionamento eletropneumático

TRANSMISSÃO

Modelo: ZF 16 S 2280 TO, com Servoshift
Tipo: manual, mecânica, de dezesseis velocidades sincronizadas à frente, com Overdrive, e duas à ré
Relações de redução

1ª) 13,80:1	2ª) 11,54:1	3ª) 9,49:1	4ª) 7,93:1
5ª) 6,53:1	6ª) 5,46:1	7ª) 4,57:1	8ª) 3,82:1
9ª) 3,02:1	10ª) 2,53:1	11ª) 2,08:1	12ª) 1,74:1
13ª) 1,43:1	14ª) 1,20:1	15ª) 1,00:1	16ª) 0,84:1
Ré - 12,92:1	Ré - 10,80:1		

Redução no eixo traseiro:
3,42:1 (eixo Meritor MS 13-185), simples redução

CIRCUITO ELÉTRICO

Alternador: 24V / 90A
Bateria: 2 x 160 Ah / 12 V

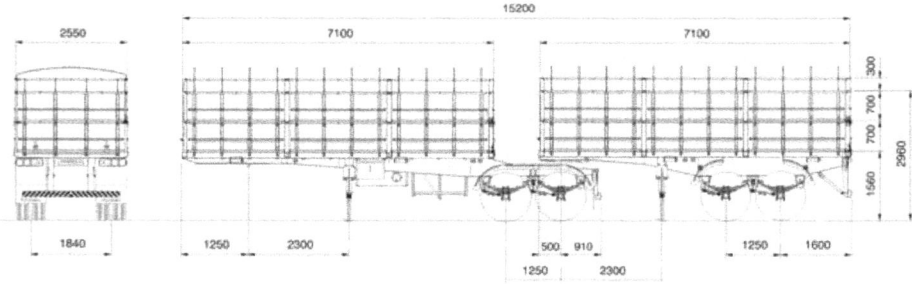

Conjunto de rodas: *2 eixos em tandem/ balancim*
Rodas: *a disco, medindo 8,25" x 22,5"*
Freios: *tipo tambor com lonas cônicas de 16,5" x 8"*
Pneus: *295/80 sem câmara*
Conjunto ótico: *com lanternas laterais e traseiras com LED, exceto a luz de ré*
Sistema de engate: *tipo "Pino Rei" no primeiro semirreboque*

Após o engate do implemento, deveríamos rumar imediatamente para Nova Mutum, e eis que aconteceu o nosso primeiro imprevisto, ainda no posto: as luzes das laterais do bitrem, conhecidas por meia luz, não acendiam; e como já estava escuro, Furlanetto encaminhou o veículo para o eletricista ali mesmo no posto, para um reparo imediato. Durante o conserto, o motorista detectou mais um problema: vazava ar da válvula de freio do bitrem, mas, quanto a isso, não havia solução imediata. Deveríamos nos programar para fazê-lo no representante Noma em Cuiabá, assim que voltássemos de Mutum.

Enquanto o reparo estava sendo feito, puxei assunto com Furlanetto, que estava sentado próximo ao caminhão. Perguntei se ele sabia o que eu estava fazendo ali e ele disse que não. Passei a explicar minuciosamente o projeto de TCC e todas as minhas pretensões e obrigações com a viagem, mais algumas matérias especiais, inclusive para o portal Transpoonline (www.transpoonline.com.br) em que trabalhava, além de, obviamente, um livro-reportagem como produto final.

Na mesma noite, partimos com mais ou menos uma hora de atraso, por volta das 20h00, para Nova Mutum, localizada 264 quilômetros ao norte de Cuiabá — justamente no momento em que diversas prostitutas começavam a chegar para ofertar seus serviços íntimos aos caminhoneiros. De fato, pude perceber quem eram quando se ofereceriam de caminhão em caminhão. Quando estávamos partindo, presenciei uma cena dantesca: duas delas vieram correndo na direção do nosso Stralis, já em movimento, na saída do posto; corriam e acenavam num desespero frenético, buscando qualquer trocado que lhes garantisse sua sobrevivência no dia seguinte.

A expressão delas me lembrou a de um atleta fundista, em uma prova de 100 ou 400 metros rasos: uma mordida intensa, quase um bruxismo, os lábios abertos, expondo uma dentição problemática. Antes mesmo dos primeiros programas, pareciam exalar o bafo da porra de todos os caminhoneiros que usurpariam suas bocas fétidas. Foi deprimente ver pelo espelho seus rostos sonsos se distanciando, com um ar miserável de derrota. Mas a noite ainda era uma criança; provavelmente, teriam muito trabalho pela frente.

Já na estrada, iniciamos uma conversa amigável. Gilson não via a família há 18 dias, nem num esporádico almoço com sua esposa Leila e os dois filhos — Jefferson, de 15 anos e Jackson, de 13. Começou a fazer planos de passar em sua casa durante o percurso de ida, quem sabe até poderíamos passar uma das noites em Jaciara, cidade onde reside.

O rádio do caminhão estava ligado e Gilson sincronizou um programa de futebol. Imediatamente perguntei:

— Você torce pra qual time?

A resposta veio de bate-pronto, uma referência direta ao Internacional de Porto Alegre:

— Sou Colorado.

Ele não perguntou, mas revelei ser um "fanático torcedor do glorioso alvinegro praiano, o Santos Futebol Clube". E ainda provoquei, disse que a primeira vitória do Santos no Campeonato Brasileiro, fora da Vila Belmiro, fora justamente sobre o Inter, lá no Beira-Rio.

Gilson riu. Perguntei para quais times seus filhos torciam e ele me respondeu que lhes dera liberdade para que escolhessem o time de coração (algo inimaginável no "democrático" lado santista de minha família). Jefferson tinha se "bandeado" logo para o São Paulo, um dos principais rivais do meu Santos, e ainda suspeitava de que o mais novo estivesse seguindo o mesmo (mau) caminho. Revelei que, como santista, não deixaria, ou pelo menos detestaria que um filho meu viesse a torcer para outro time, principalmente em se tratando de um rival direto.

Furlanetto caiu na gargalhada; disse que também não gostaria que um de seus filhos se tornasse torcedor do arquirrival Grêmio. Foi quando eu contei que minha noiva e sua família eram torcedores, justamente, do Grêmio.

— Que desgosto — completou.

A arranhada imagem do caminhoneiro

Iniciamos uma conversa sobre a imagem do caminhoneiro, bastante deteriorada e distorcida na sociedade em geral. Infelizmente, caminhão só é noticiado pela grande imprensa quando há acidente grave, ou problemas como a greve aduaneira de março de 2008 em Foz do Iguaçu, no Paraná, fronteira do Brasil com o Paraguai, quando mais de 900 caminhões foram impossibilitados de seguir viagem, gerando um congestionamento sem precedentes na região. Mesmo sendo um setor estratégico para a economia nacional, já que o modal rodoviário transporta cerca de 60% dos produtos comercializados no Brasil, o assunto continua marginalizado.

Com a qualidade da informação oferecida ao grande público, tornou-se senso comum a imagem do caminhoneiro aventureiro, a ideia de que ser caminhoneiro é uma alternativa de vida para um caipira sem estudo, de que todos os caminhões são velhos, responsáveis quase exclusivos pelos congestionamentos e acidentes em estradas e, principalmente, nas grandes metrópoles.

Atualmente, em São Paulo, apenas 4% da frota circulante é formada por caminhões de todos os portes. Em se tratando de Brasil, os números não são tão divergentes, embora não existam estatísticas confiáveis, ou seja, não há como apontar os caminhões como os principais causadores dos transtornos do trânsito. E mesmo que fossem, enquanto a tecnologia de teletransporte não extrapolar as histórias de ficção científica, os caminhões continuarão exercendo seu papel fundamental na sociedade.

Afinal, entre praticamente tudo o que consumimos, que muito provavelmente também foi transportado via caminhão, sem o transporte de cargas não chegam na padaria o fermento e a farinha para que a gente possa comprar aquele pão quentinho todas as manhãs; sem o transporte de cargas, andaríamos todos pelados, quando muito nos cobriríamos com o couro cru de animais como nossos antepassados, pois o algodão e outros tecidos não chegariam aos fabricantes de roupas.

Um dos problemas crônicos do setor é a altíssima idade média da frota, que atualmente conta com aproximadamente 1,5 milhão de caminhões: 17,5 anos conforme dados da ANTT (Agência Nacional de Transportes Terrestres), distante "anos-luz" dos cinco anos considerados ideais. Uma frota tão ultrapassada tecnologicamente como é a brasileira polui muito, além dos gastos infindáveis com a constante manutenção por problemas mecânicos, somados ao consumo excessivo de diesel. Isso, sem falar naquelas velharias que, nas mãos de alguns feirantes, ainda rodam à base de gasolina.

Na maioria das vezes, essas sucatas ambulantes estão nas mãos de caminhoneiros autônomos, que não têm dinheiro nem estrutura para planejar a compra de um veículo zero quilômetro. E é justamente com os autônomos que costumam acontecer os piores problemas e acidentes: são caminhões que quebram por falta de manutenção ou por manutenção inadequada, caminhões que tombam por falta de um preparo adequado de boa parte desses motoristas.

Também está entre os autônomos a maioria dos casos de rebites (droga sintética, derivada de anfetaminas, que estimula o sistema nervoso central, fazendo com que tenham um ritmo mais acelerado e prolongado de trabalho). O rebite, muitas vezes, é ingerido junto com algum tipo de bebida alcoólica para potencializar seu efeito. Normalmente, o caminhoneiro que ingere esse tipo de droga está sempre preocupado em realizar seu frete o mais rápido possível, para que possa rapidamente aceitar outro serviço e ganhar um pouco mais.

O principal problema da droga, além de seus efeitos colaterais — como taquicardia e dilatação dos olhos, causando maior ofuscamento e até alucinações — é que quando o efeito passa o motorista é tomado por uma forte sonolência, muitas vezes incontrolável; e é justamente nesse momento que o risco de acidentes cresce abruptamente, isso tudo sem mencionar outros possíveis problemas mecânicos e também humanos.

Às portas de Mutum

Depois de alguns minutos de silêncio absoluto, começamos a conversar sobre caminhões, que são lindos de se ver. Contei a ele sobre minha viagem a Hannover e mostrei algumas fotos. Furlanetto ficou impressionado com o tamanho do centro de exposições, que tem até alguns ônibus para transportar os visitantes para os pavilhões mais distantes. Mas encantado mesmo ele ficou quando passei a contar sobre os caminhões que vi, dos mais normais aos mais estranhos e bonitos. Gilson ficou impressionado ao saber que na Europa existem caminhões de 650 cavalos; que, por lá, a grande aposta para o futuro é a motorização híbrida (que combina duas fontes de energia distintas, como o diesel + elétrico, elétrico + gás, ou gás + diesel); e que a possibilidade do biodiesel nem é considerada no Velho Continente, por julgarem a produção agrícola insuficiente para atender à demanda do mercado. Também antecipei que, até o final do ano, a Iveco lançaria mais duas linhas de caminhões, o Trakker, apresentado oficialmente em outubro, e o EuroCargo, apresentado no mês de novembro. Gilson se mostrou bastante curioso com as novidades, já prevendo que um dia poderia rodar em algum desses caminhões.

Até então, a viagem corria tranquilamente, e pouco consegui observar das características da estrada. Com muita fome, paramos para jantar no posto Trevisan, onde comemos um prato bem servido de arroz, feijão preto, farofa, carne e salada. Depois de quase meia hora parados, voltamos para a boleia do Stralis 380 rumo a Nova Mutum, e em menos de cinco minutos me senti embriagado de tanto sono. Por mais que tentasse me manter acordado, era impossível lutar contra a exaustão. Afinal, tivera pouco tempo de descanso depois da viagem à Alemanha. Fiquei com medo de que, nos dias seguintes, voltasse a ficar sonolento na boleia e deixasse de aproveitar essa viagem, tão importante para o início de minha carreira jornalística.

Furlanetto me deixou na porta do hotel La Famiglia, em Nova Mutum. Em seguida, partiu para dormir no chamado "Trevo do Lagarto". Quando cheguei, a porta de vidro estava trancada, o hall estava escuro e o funcionário do hotel dormia profundamente no sofá ao lado da porta de acesso, com a televisão ligada. Precisei bater diversas vezes na porta até que ele acordasse. Por sorte, aloquei o último quarto disponível, número 227, pelo valor de R$90 a diária. Fiquei espantado com o tamanho da suíte, e a considerei formidável para o que parecia ser um hotel de beira de estrada.

No interior do quarto havia uma confortável cama de casal, uma de solteiro na qual acomodei minha bagagem, um televisor simples, de 20 polegadas, sobre um suporte no alto da parede, um banheiro grande com uma banheira de

hidromassagem enorme para um quarto de hotel. A parede do banheiro era de vidro e de dentro dele se podia ver todo o quarto. Achei de muito bom gosto. Abri uma garrafinha de vidro de coca-cola com um abridor torto: só consegui tirar a tampa depois da quarta tentativa. Dei um prolongado gole no refrigerante gelado e fui tomar um banho frio, pois acho que de outra maneira, nessa região de temperatura infernal, é impossível.

Capítulo 2
Reconhecendo o ambiente

30/setembro/2008

Acordei naturalmente às 6h42, ou seja, 18 minutos antes do

que havia programado no despertador do meu celular. Fui tomar banho e saí do banheiro com o sono que ficou faltando. Comecei a perceber que meu rosto ardia um pouco, por causa da droga do mormaço do dia anterior — detesto essa sensação de queimado além da conta.

Dirceu havia delegado Gilson Zanini Aragão para me buscar pontualmente às 8 horas na recepção do hotel, em minha primeira manhã em Nova Mutum. Antes de sua chegada, pude tranquilamente providenciar mais uma diária no La Famiglia. Deixei o quarto da noite anterior, pois já havia uma reserva para ele, e fui me hospedar por R$48,00 a diária no apartamento 218, também no primeiro andar, onde deixei minha bagagem. Era um quarto pequeno, mas não tive tempo de observar nem de avaliar a qualidade do lugar onde passaria a próxima noite.

O xará do caminhoneiro que eu estava acompanhando chegou no horário combinado. Entramos numa pequena picape branca, de portas adesivadas com a logomarca da Vanguarda, e começamos a nos entrosar com uma interminável conversa durante os cerca de 30 minutos que levamos do hotel até a Fazenda Ribeiro do Céu, onde a empresa cultiva o plantio em menor escala de algodão, soja e milho.

Zanini tinha sido caminhoneiro por mais ou menos 20 anos, e há oito anos trabalhava na Vanguarda. Hoje em dia, já não sobe mais na boleia para grandes viagens. Passou a se dedicar a difundir para os mais novos sua vasta experiência como motorista de caminhão, além de também trabalhar na oficina da empresa, onde sua sensibilidade com veículos é muito útil para os trabalhos de manutenção da frota. Como gostava de papear, puxava conversa a todo instante. O que foi muito bom, pois me fez despertar rapidinho para o dia, que prometia ser bastante intenso.

— Quando comecei na Vanguarda, eram apenas quatro caminhões. Vivenciei de perto o crescimento dessa empresa, que nos últimos anos cresceu muito. Para se ter uma noção, hoje tem mais de 150 caminhões na frota — lembrou.

Ainda durante a ida, paramos para ajudar um motorista da empresa que estava com seu Ford Cargo encostado no canto da pista de terra vermelha, na direção da fazenda.

Enquanto eu ia tirando fotos do veículo, Zanini rapidamente diagnosticou um problema na embreagem. "É no rolamento", disse.

Entretanto, esse não parece ser o único problema com os caminhões da montadora. Segundo Gilson Zanini, se dependesse dele, a empresa nunca mais compraria caminhões da marca.

— E digo mais. Minha vontade é devolver os 20 (caminhões) que compramos, porque não têm garantia. Os concessionários Ford não sabem arrumar, são amadores. Um dia, a Ford me ligou para fazer uma pesquisa e pediu para eu dar uma nota de 0 a 10 para os caminhões deles. Perguntei se poderia dar ponto negativo — esbravejou.

Outra marca parecia ter dado alguns problemas: a Volkswagen, com uma questão inimaginável para uma empresa desse porte e que entrou definitivamente na briga com a Mercedes-Benz pela liderança do mercado no Brasil.

— O Volkswagen Constellation tem um problema que nem a montadora consegue resolver. Os parafusos do suporte do motor quebram, e o motor despenca no chão. Não adianta trocá-los porque o motor cai de novo, depois de pouco tempo de uso. Mesmo com a montadora prendendo um suporte no chassi, o motor continuou caindo. Eu e mais dois ajudantes da oficina emendamos uma guia do motor ao chassi. Foi o que resolveu — garantiu Zanini.

Como, até então, eu nunca tivera uma experiência de campo como essa, fiquei absolutamente estupefato com a descrição dos problemas com os caminhões da Ford e da Volkswagen.

Já na Ribeiro do Céu, estacionamos a picape próximo à lanchonete, ao lado da balança de caminhões — um tipo de balança muito comum no setor, onde o veículo é pesado sem carga e, posteriormente, com a carga máxima a ser transportada, para que não ultrapasse o limite permitido por lei, de acordo com as configurações de cada modelo. É recorrente a incidência de caminhões que estouram o limite de peso nos postos da Polícia Rodoviária Federal.

Quando estávamos prontos para abrir a porta e descer do carro, um sujeito que devia estar perto de seus 60 anos, com cabelos grisalhos, barba branca por fazer, chinelo de dedo, bermuda cinza com o cordão preto caído para fora e uma camisa azul da Vanguarda nos abordou. Com a rouquidão peculiar da idade, perguntou:

— Vocês já têm candidato? Em quem vão votar nas eleições de domingo? Votem em mim — pediu, em tom de campanha. — "Vote em 'Branco na urna" — insistiu, revelando a piada com seu sobrenome, Branco.

Zanini caiu na gargalhada.

Junto com Branco, sentados nas cadeirinhas de ferro típicas de um boteco qualquer, estavam Furlanetto e João, outro caminhoneiro bastante rodado, conforme denunciavam as rugas em sua face. Os dois motoristas se levantaram e nos cumprimentamos. João tinha me visto quando cheguei pela primeira vez no posto Trevisan de Cuiabá e se lembrou de mim. A essa altura, os dois colegas de profissão de Furlanetto já sabiam o que eu estava fazendo por lá.

Foi quando Branco pediu para sair numa fotografia junto com aquele que chamou de "herói da história". Em seguida, surpreendeu a todos sacando um controle remoto de seu bolso direito; mirou em João e começou a apertar uma série de botões.

— Volta. Volta. Rebobina para o seu lugar — dizia.

João começou a simular uns tremeliques, enquanto eu e os caras quase perdíamos o fôlego de tanto rir.

— Agora vou te desligar. Cadê o botão vermelho de desligar? Ah, aqui o botão é preto e tem um quadrado branco em volta — brincou.

João desistiu da brincadeira e se aproximou para sair junto na fotografia.

Da esquerda para a direita: Furlanetto, Branco e João

Depois da cena, digna dos melhores anos de "Os Trapalhões" ou outro pastelão do gênero, chamei Furlanetto para uma conversa rápida ali mesmo. Perguntei o que teria que fazer em seguida.

— Fui o primeiro a chegar, às seis e meia da manhã. Já pesei e estou esperando para carregar — contou.

Mal o caminhoneiro terminou de responder, Zanini disse:

— Se te chamarem, espera um pouco, porque vou levar o Gustavo para conhecer a fazenda e depois ele vai fotografar todo o processo.

Voltamos para o carro e Zanini me mostrou onde é feita a colheita do algodão. Infelizmente, só vi terra pela frente, já que a colheita havia terminado há cerca de um mês, segundo Gilson. Mas pude observar uma movimentação muito grande de diversos tipos de tratores em operação nas terras da fazenda.

Em seguida, fomos até o local da plantação onde é feito o carregamento do algodão para as unidades de industrialização do produto. Como eu nunca tinha visto, achei o processo interessantíssimo: são várias toneladas de algodão sob uma lona, com uma amarração padrão em um formato retangular, semelhante a um container; um caminhão pega a carga e a transporta a uma distância ínfima, onde o espera outro caminhão, posicionado em um buraco cavado no chão (o veículo se posiciona de marcha ré) justamente para esse propósito. O caminhão carregado, de costas para o outro veículo, bascula sua caçamba despejando toda a carga sobre o implemento do outro caminhão, que parte em direção às unidades de industrialização. Cai muito algodão durante o transporte nessas áreas.

Passamos mais ou menos uma hora acompanhando e documentando o processo, sob o sol escaldante de Nova Mutum. Zanini me contou que quase nada da produção é perdido. Por ser de ótima qualidade, o algodão da Ribeiro do Céu é praticamente todo destinado ao mercado externo, principalmente aos países da Europa.

— Tem gente que acha chique comprar roupa na Europa e nem imagina que o algodão que eles usam na fabricação sai daqui — comentou Zanini, bem-humorado. Segundo ele, uma parte do algodão é destinada à produção de biodiesel, ali mesmo, na fazenda. O combustível é comercializado nos mercados do Paraná e de São Paulo.

Por volta das 11h20, após ver muitos trabalhadores recebendo sua marmita, Gilson se virou para mim e disse:

— Está com fome? Vamos almoçar?

Concordei na hora. Voltamos para a picape e fomos para o refeitório da fazenda, onde almoçamos junto com os trabalhadores. Como o *self-service* não é por quilo, quase todos estavam com o prato bem recheado.

Nos sentamos de costas para a porta. Do lado direito de Gilson sentou-se um caminhoneiro; havia mais três do outro lado da mesa. Nesse momento, comecei a ter uma noção da situação dos portos brasileiros e, principalmente, do perigo que poderia encontrar em Paranaguá. Me contaram uma situação que muito me fez lembrar aquelas empolgantes histórias passadas no Velho Oeste americano.

Imaginem um caminhão em baixa velocidade, ou porque está atravessando uma lombada, ou porque está em uma daquelas ruas estreitas nas proximidades do Porto de Paranaguá. De repente, surgem um ou dois bandidos, sobem no implemento do caminhão e soltam a carga transportada, deixando-a cair pelo caminho. O motorista, obviamente, vai perceber que está perdendo a carga e vai parar para ver o que está acontecendo. E é justamente aí que quatro ou cinco bandidos se aproximam do motorista e iniciam uma negociação: se oferecem para recolocar a carga no caminhão mediante uma quantia predeterminada de dinheiro. Mas se o caminhoneiro não tem grana, ou simplesmente não quer pagar, eles roubam a carga derrubada para vender dentro dos portos, por preços bem abaixo dos praticados pelo mercado. Pelo comentário geral da mesa, além da péssima estrutura, a questão da segurança também parecia ser um problema crônico dentro e nas proximidades do Porto de Paranaguá.

Depois desse almoço bem servido, Zanini foi me mostrar os galpões de industrialização do algodão. Antes que eu pudesse notar os detalhes da produção, senti um odor seco, meio doce e bastante desagradável. Só então descobri que algodão só é fofinho quando chega em nossa casa dentro de embalagens, após todo o processo de industrialização. Compreendi imediatamente o porquê de os funcionários, além dos capacetes, usarem máscaras: passam horas em meio ao desconforto do cheiro cru da planta.

***

Senta, que lá vem história. Pouco tempo depois de chegarmos aos galpões de industrialização, avistamos o Stralis de Furlanetto se aproximando. O caminhão deveria parar exatamente sob um cabo com aproximadamente cinco metros de altura, para a segurança dos funcionários que ajustariam a carga no bitrem. Como o espaço de manobra era pequeno para esse tipo de transporte, após alguns minutos de anda, para, ré, ajusta um pouquinho pra esquerda, pra direita... Gilson finalmente conseguiu estacionar. Foi quando os arrumadores de carga abriram o implemento e disseram que estava muito sujo. Furlanetto voltou para o caminhão e se dirigiu ao local de lavagem.

Pouco mais de uma hora depois, o caminhão estava de volta; houve a mesma dificuldade para posicionar o Stralis sob o cabo, e, finalmente, o carregamento começou a ser feito. Dois funcionários se posicionaram dentro da parte da frente do bitrem e um terceiro ficou sozinho na parte de trás. Havia apenas uma empilhadeira disponível, pois as outras duas estavam na oficina para reparos de manutenção. Minutos mais tarde, começou a chover forte — um verdadeiro alívio para nós, que estávamos abrigados sob um sol escaldante, em torno dos 40º centígrados. Os funcionários que estavam na operação de carregamento tentaram cobrir o bitrem com duas lonas, na tentativa de proteger o algodão da chuva.

Em vão. A chuva era intensa e Furlanetto precisou manobrar o caminhão para dentro do galpão de industrialização. Durante a manobra, quebrou o para-lama de plástico traseiro do eixo de *truck*, do lado esquerdo do Stralis.

— Tá todo mundo reclamando disso. Se o para-lama é de plástico, ele quebra. Se é de ferro, entorta. Isso acontece porque o para-lama é muito alto e bate contra o bitrem — observou Furlanetto.

Nesse meio tempo, Gilson combinava comigo a viagem de volta a Cuiabá às cinco horas da madrugada do dia seguinte. Eu deveria estar pronto na porta do hotel e ele viria me buscar. Enquanto conversávamos, dois dos arrumadores de carga se aproximaram e um deles perguntou:

— Você é de qual canal de televisão?

Respondi que de nenhum, que estava fazendo um trabalho particular sobre todo o processo que envolve um frete de caminhão. Mesmo assim, em meio às gargalhadas que mal os deixavam terminar suas frases, um deles disse:

— Tira uma foto desse caboclo e manda pro "Linha Direta", porque deveria ser crime nascer feio desse jeito.

O outro respondeu, na lata:

— Que nada. Fotografa esse feioso aqui que é matador. Já matou dois só porque olharam pra cara dele sem máscara — e se contorceram de tanto rir.

Não levou muito tempo para que a chuva cessasse e Gilson manobrasse mais uma vez o Stralis para debaixo do cabo de segurança. Todos conversavam bem-humorados, mas o incômodo pela demora começava a aparecer nas bufas e semblantes irritados de todos nós, que estávamos empenhados em resolver logo a tarefa. Mas a sorte parecia não estar do nosso lado.

 Agora, que tudo parecia propício para a execução do serviço, a empilhadeira havia sumido. Um dos funcionários veio nos explicar: enquanto o caminhão não podia ser carregado, o equipamento tinha sido encaminhado para outro serviço. Cerca de 30 minutos mais tarde, a chuva voltou, deixando todos apreensivos, preocupados com a hora de ir embora. Agora, a principal dificuldade seria enfrentar a pressa dos trabalhadores da Vanguarda. Nesse momento, Gilson Zanini entrou em ação e disse aos funcionários que eu estava ali para fotografar e reportar todos os acontecimentos ao patrão. Furlanetto teve que guardar o caminhão de novo dentro do galpão. Só podia ser a Lei de Murphy, em que tudo dá errado.

 Pela quarta e, finalmente, última vez, o Stralis foi posicionado sob o cabo depois de uma série de manobras naquele pequeno espaço. Não tinha mais o que dar errado. O carregamento, que segundo os próprios funcionários dura normalmente cerca de 40 minutos, se estendeu por toda a tarde e início da noite, por conta da série de imprevistos. Quando estava praticamente terminando, e a paciência de todos também, Zanini me chamou para irmos embora. Ficou combinado entre os dois Gilsons e eu que o Zanini me buscaria às 7h00 para me levar ao posto em que o Furlanetto me esperaria.

 Entramos na picape exatamente às 18h07 e já estava tudo escuro — lá escurece mais cedo do que nas regiões Sudeste e Sul. Durante o percurso de volta para o La Famiglia, Zanini me contou que a cidade tem se expandido vertiginosamente, impulsionada pelo forte crescimento econômico das grandes empresas instaladas na região de Nova Mutum. Para se ter noção da intensidade do crescimento, basta observar a evolução das estatísticas apontadas pelo Censo ao longo dos anos: em 1991, Mutum era uma pequena cidade rural, de pouco expressão na região, onde habitavam 6.608 pessoas; nove anos depois, na virada do milênio, já moravam por lá mais de 14 mil habitantes. O Censo de 2007 apontava que havia 24.368 moradores na cidade e estimava que, para 2008, a cidade chegaria a 25.658 habitantes.

Para Gilson, o crescimento estava se dando assustadoramente, rápido demais, e só se devia ao crescimento de fazendas e empresas importantes com unidades em Mutum, além da instalação de outras grandes empresas que estão investindo na cidade ao perceberem o rápido desenvolvimento da região.

— A construção civil está muito forte aqui. Pra onde você olha, vê casas e prédios sendo erguidos — observou Zanini.

Chegamos ao hotel por volta das sete da noite. Eu estava cansado, Zanini também já não via a hora de voltar para sua casa, tomar seu banho e descansar. Agradeci por ele ter me acompanhado o dia todo e ter me ajudado bastante com o meu trabalho. Nos despedimos e ele seguiu rapidamente para o aconchego de seu lar.

Peguei na recepção o folheto de uma lanchonete da cidade, com atendimento *delivery*. Já no quarto, olhei o cardápio impresso e liguei para pedir dois sanduíches e uma soda de dois litros. Aproveitei para tomar um banho quase morno, pois não tinha água mais fria do que essa temperatura mediana. Meu jantar chegou pouco depois que saí do banho. A noite estava avançando e aproveitei para escrever alguma coisa enquanto passava qualquer porcaria na televisão.

Comecei a reparar numa repentina invasão de formigas e baratas francesas (aquelas pequenininhas). Achei nojento. Com certo exagero, me sentia como no filme "Joe e as

Baratas", em que o protagonista divide seu apartamento com uma quantidade infindável desses insetos absolutamente repugnantes. Pelo menos não entraram na minha bagagem, não subiram na cama nem se esconderam nos meus tênis.

Não havia o que fazer. Eu não podia trocar de hotel porque não tinha como me comunicar com o Zanini; tampouco poderia trocar de quarto, já que o hotel parecia estar em alta temporada, de tão movimentado.

Capítulo 3
Perfil de Furlanetto

As raízes da família de Gilson Furlanetto estão fixadas no interior do Estado de Santa Catarina, mais precisamente no município de São Miguel do Oeste, na região Sul do Brasil. Segundo o Censo IBGE (Instituto Brasileiro de Geografia e Estatística) de 2007, moram na cidade 33.608 habitantes com forte influência das colônias alemã e italiana. Localizada no extremo-oeste catarinense, São Miguel está a uma distância de 672 quilômetros da capital, Florianópolis.

Em 1991, Gilson casou-se com Leila, a mulher com quem mantém um relacionamento sólido até hoje. Pelo que pude observar durante o período de convivência com ele, acredito que ainda vão continuar um longo tempo lado a lado, quem sabe para sempre. O casamento se deu no dia do aniversário de Furlanetto — coincidência, ou um jeito esperto de não esquecer a data?

O ano de 2002 pode ser considerado o grande divisor de águas da vida de Gilson. Ele trabalhava desde 1995 como motorista particular de um Deputado Estadual do Partido dos Trabalhadores que, não por acaso, era seu pai. O emprego durou o período de dois mandatos consecutivos do velho Furlanetto. Nesse mesmo ano, Gilson foi chamado para participar de um antigo programa de televisão, o "Show do Milhão", apresentado por Silvio Santos, no SBT.

— Foi muito estranho, até achei que era brincadeira. Certo dia, uma mulher me ligou dizendo ser da produção do programa e que eu havia sido escolhido para participar. Declarei minha dúvida, porque eu nunca me inscrevera, nem neste, nem em nenhum outro programa. Mas a mulher começou a insistir e perguntou se eu tinha alguém na família que poderia ter me inscrito. Como é que eu iria saber se alguém me inscrevera ou não? Mas fui dando corda, e ela ficou de me retornar — lembrou.

Gilson só entenderia de fato essa ligação quando chegasse em casa e sua esposa lhe revelasse ter enviado uma série de cartas, em nome de alguns parentes. Dias depois, a mesma mulher retornou a ligação e, rapidamente, agendou-se a viagem para São Paulo. Furlanetto avançou algumas etapas, mas perdeu a chance de avançar quando teve que pedir "ajuda aos universitários", que, mal preparados e refletindo a qualidade da educação no Brasil, foram decisivos em sua pontuação no programa. No final, voltou pra casa com R$40 mil, um montante que jamais imaginaria ver em sua conta bancária.

Com essa grana, Gilson e Leila passaram a investir em alguns bens materiais, dos quais imaginavam ter um retorno futuro. Primeiro, compraram um terreno próximo a São Miguel do Oeste, "que está parado, mas é meu, e um dia eu posso construir alguma coisa, ou até mesmo vender e recuperar o dinheiro", projetou Furlanetto.

Outra parte do dinheiro Gilson investiu em uma loja de presentes e papelaria em São Miguel do Oeste. Segundo o motorista, a loja ia muito bem, sob a administração de Leila.

— Mas, naquela época, nossa família (incluindo os dois filhos, Jefferson e Jackson) já fazia planos de vir morar no Mato Grosso — revelou.

No princípio de 2003, Gilson, Leila e as crianças subiram no mapa e pararam em Nova Mutum. O patriarca da família já pensava em trabalhar como caminhoneiro, e a esposa trouxe sua loja para o município matogrossense. No início, tomou conta do estabelecimento, mas não demorou muito para que fosse convidada para trabalhar em uma escola local. Leila, que é formada em pedagogia, aceitou prontamente o chamado, face o salário compensador.

Poucos meses depois, o casal tomou um grande calote de R$18 mil ao vender a loja. Outro casal adquiriu o estabelecimento, mas o registro foi feito apenas em nome da mulher. Gilson entrou com um processo contra os compradores, que ainda tramita em Nova Mutum. Segundo o caminhoneiro, os caloteiros alegam que a mulher não tem fonte de renda, por isso não tem como quitar a dívida.

— Eles tem casa, carro, uma picape e uma farmácia — descreveu Furlanetto. — A justiça brasileira é muito lenta — indignou-se.

Por diversas vezes, durante a viagem, Gilson puxava e esticava conversas sobre política.

— Esse é um gosto que herdei do meu pai. Certa vez, me chamaram para entrar na política da região, mas na época eu não quis, pois não me julgava preparado. Sempre ouvi histórias de maus políticos. Se eu fosse um deles, ia querer fazer as coisas como devem ser feitas — protestou.

Segundo Gilson, suas aspirações políticas ainda estão muito distantes, já que pretende continuar na vida estradeira por muitos anos. Também se expressou sobre a prostituição em beira de estrada:

— Na grande maioria das vezes, as putas é que deveriam pagar pra transar com os caminhoneiros, porque são uns *dragão* — reclamou.

Furlanetto assegurou nunca ter ficado com uma rampeira e até demonstrou asco ao tratar desse assunto, tão recorrente em sua área de atuação. E ele parece, realmente, ser do tipo fiel.

— Quase sempre, os lugares onde tem prostituição são os mais perigosos. Tento evitá-los. Em alguns a gente ouve histórias até de prostituição infantil, e nesses eu não paro de jeito nenhum. É roubada. Mesmo que você só queira ficar sossegado e dormir, pode vir a polícia e dar uma geral até em quem está quieto — lamentou.

Histórias de prostituição na estrada são muito comuns. Furlanetto destacou uma em especial, que chama a atenção justamente por sua peculiaridade. Na capital mineira, Belo Horizonte, segundo o motorista, há uma rua com uns "predinhos" que funcionam como bordéis, dos mais fuleiros e curiosos possíveis. Nesses lugares não há um *hall*, ou um bar para os clientes se encontrarem com as prostitutas.

— Os homens vão escolher as mulheres direto no quarto. Você abre a porta e analisa; se não quiser, vai procurando de porta em porta uma que você goste, até encontrar. Se, por acaso, você gostar de uma puta que esteja no batente, é só esperar sua vez do lado de fora. Estive lá com uns amigos que queriam conhecer, de tanta história que a gente ouvia. Mas não sei como alguém pode encarar, por mais linda que seja a moça, a "sopa" do cara que foi antes de você. É nojento — relatou. — Tem puta que se prostitui por qualquer migalha, sai se oferecendo pra todos, realmente nojento — enfatizou o motorista.

Capítulo 4
De volta ao Cuia Cuia

01/outubro/2008

A infalível pontualidade britânica de Gilson Zanini não me deixou esperar sequer um minuto na recepção do La Famiglia — 7 horas em ponto. Fomos encontrar o xará caminhoneiro num posto de Nova Mutum, onde a Vanguarda também tem uma base de apoio. Furlanetto contou que só tinha saído da fazenda Ribeiro do Céu por volta das 20h00.

— O pessoal já estava sem paciência, terminaram tudo às pressas. A carga ficou feia no bitrem — lamentou.

A bordo do Stralis 380, nos dirigimos para a rodovia BR163, com destino a Cuiabá. O caminhão saiu de Nova Mutum carregado com 174 fardos de algodão, de em média 196 quilos cada um. Segundo a balança da fazenda, estávamos com um pouco de folga no peso bruto total (PBT) permitido — 57 toneladas para o segmento de extrapesados. Tínhamos, de tara, o equivalente a 20.160 quilos, que somados aos 35.020 quilos que carregávamos, resultava em 55.180 quilos de PBT.

Já que passávamos nas proximidades de uma das fazendas do ex-prefeito de Tangará da Serra (a 210 km de Cuiabá), Jaime Luiz Muraro, do antigo PFL (Partido da Frente Liberal, hoje denominado "Democratas"), Gilson emendou outro assunto, dessa vez sobre o político, que teria se envolvido em diversas irregularidades administrativas e uma série de crimes, entre eles o assassinato do vereador Daniel Lopes da Silva em julho de 2001, por conta de declaradas desavenças políticas. Em setembro de 2008, Muraro teve sua candidatura indeferida pelo Tribunal Superior Eleitoral. Em seu lugar, a coligação DEM/ PSDB indicou Olga Muraro, sua esposa, para a candidatura, que dias depois também seria indeferida. Na ocasião, se elegeu prefeito Júlio César Davoli Ladeia, do PR.

Passamos alguns minutos em silêncio absoluto e passei a notar inumeráveis carcaças de pneus nas beiradas da rodovia.

— Caramba, Gilson. Eu imaginava encontrar uma série de problemas na estrada, mas nunca imaginei que fosse ver tanta carcaça de pneu — comentei.

Gilson confirmou que era muito comum, principalmente nas estradas que não são "pedageadas" e costumam estar bem deterioradas, eu é que não tinha percebido. Verdade. Além da escuridão no percurso de ida para Mutum, eu havia dormido em grande parte e falhado em reparar as deficiências do extenso trecho em que trafegávamos.

— Cara, essa porcaria de estrada é muito ruim. É toda ondulada e esburacada — reclamei.

— Você acredita que as pessoas da região gostam desta rodovia? — perguntou Gilson.

Fiquei sem entender. O motorista explicou que, não fazia muito tempo, a BR-163 era uma longa e perigosa estrada de chão, muito ruim em qualquer condição de tempo. Se fazia sol, a poeira de terra vermelha prejudicava a visibilidade de quem estava ao volante; se chovia, a estrada inteira se tornava um imenso atoleiro. Por isso, segundo ele, ninguém reclamava agora, mesmo ainda sendo muito ruim.

Coincidência ou não, levamos um susto ao ver explodir e cruzar à nossa frente um dos pneus do lado direito de um cavalo-mecânico NH 12 (Volvo), branco e bicudo, com mais de 15 anos de vida útil, que vinha no sentido inverso. Por pouco não colidimos com a carcaça irrecuperável, mas não houve acidente nem outro tipo de incidente. O caminhão encostou para fazer o reparo e prosseguimos em nossa jornada.

— Esse tipo de problema pode acontecer com qualquer um, porque uma estrada ruim e esburacada é perigosa pra todo mundo. Mas acontece mais com caminhões velhos, que muitas vezes já estão com os pneus bem desgastados — justificou o caminhoneiro.

Por diversas vezes durante o percurso fomos abordados por outros caminhoneiros via rádio, similar àqueles usados por táxis, um equipamento de comunicação fundamental entre os motoristas profissionais. Eles usam o rádio para conversas rápidas, em um raio de poucos quilômetros, para saber as condições da rodovia; e sempre que há qualquer tipo de problema, se comunicam para que todos tomem as devidas precauções. Também é uma forma de combater a solidão e se solidarizar com os colegas de ofício, boa para qualquer assunto ou problema que estejam enfrentando. Se o caminhão que cruzava o nosso caminho também fosse da Vanguarda, o contato era imediato.

Como a viagem seguia muito tranquila, todas as conversas se baseavam no mesmo assunto: "Que tipo de carga você está puxando?" ou "Tá vindo de onde? Vai pra onde?". Normalmente as respostas eram: "Estou vindo do Cuia Cuia (referência direta a Cuiabá) e indo pra Mutum (ou qualquer outra cidade da região)". O Gilson sempre dizia: "Eu tô levando pluma pro Cuia Cuia e depois vamos pra Paranaguá. Comigo tem um amigo da gente, que veio de São Paulo. Ele tá fazendo um trabalho sobre esse dia-a-dia nosso na estrada."

Felizmente, as respostas invariavelmente eram positivas, do tipo: "Sério? Que legal. Boa sorte e bom trabalho pra vocês. Espero que vocês peguem muita coisa nesse dia-a-dia. Avisa a gente quando sair esse trabalho. Um abraço e fiquem com Deus."

Gilson recebeu um SMS de seu filho mais novo no celular: Jackson desejava saber como o pai estava. Então mudamos de assunto e passamos a conversar sobre a família dele. Furlanetto afirmou que gostava de ser caminhoneiro, mas que para continuar no ofício precisara aprender a controlar a constante saudade que sente da família, para que suas forças não se esgotassem.

— Há pouco tempo, fiquei muito emocionado. O Jackson me escreveu uma mensagem dizendo ter decidido o que fazer em sua vida: "Pai, descobri que quero ser engenheiro naval". Quase chorei — disse, também se emocionando ao contar.

Para a maioria dos pais e mães, os filhos são mais importantes do que tudo na vida; com isso, costumam supervalorizar as boas características deles, e Gilson não era diferente. Como um típico pai coruja, afirmou:

— Meu filho tem talento. Esse menino gosta de estudar. Inclusive, escreveu um livro à mão, por conta própria. Se a gente conseguir passar por lá, vou pedir pra ele te mostrar — disse, enchendo a bola do garoto. — Já meu filho Jefferson é um menino muito bom, mas não gosta de estudar. As notas que ele tira na escola são apenas suficientes pra passar de ano — contou. E emendou: — Como você era na escola, Gustavo?

— Eu detestava todas as matérias que tinham números. Nunca fui bem nelas e sempre tirava a média pra passar, às vezes tinha que fazer reforço... Mas escola é diferente de faculdade. A escola eu fiz porque era obrigado, a faculdade eu faço porque escolhi o jornalismo. Não estou lá por obrigação, gosto disso. Talvez o Jefferson seja parecido comigo nisso — respondi.

— Acho que é. Meu filho é muito inteligente. Se ele descobrir alguma coisa de que gosta, vai fazer bem feito — comentou Gilson.

— É. E mesmo que ele não queira estudar, pode trabalhar com outros tipos de serviço e se valorizar com isso — comentei.

— Com certeza.

Trocamos o disco familiar e começamos a conversar sobre nossos gostos musicais. Perguntei ao Gilson o que gostava de escutar na boleia. Ele respondeu que não tinha nenhum estilo de que não gostasse — veremos, futuramente, que não é bem assim, afinal, quem é realmente eclético? —, mas que preferia música gauchesca e moda de viola. Me mostrou os três porta-cds que levava no caminhão, mas, naquele momento, não se animou a colocar nenhum de seus discos para a trilha sonora de nossa viagem.

— Eu também toco um pouco de violão. Mas não muito bem. Acho que desaprendi um pouco porque faz muito tempo que não toco — disse, revelando seu lado artístico, outrora aflorado.

***

De volta ao posto Trevisan, em Cuiabá, terminamos mais uma etapa de uma jornada que estava apenas começando.

— Anota aí, Gustavo. O painel tá marcando que consumimos 267 litros de diesel para ir e voltar de Mutum pro Cuia Cuia — informou Furlanetto.

Depois de pouco mais de 500 quilômetros rodados nesses primeiros dias, precisávamos resolver rapidamente alguns afazeres antes de seguir viagem rumo ao Porto de Paranaguá. E a primeira coisa que fizemos foi resolver o problema de nossos estômagos, que praticamente se contorciam de fome. Em determinado momento do trajeto, chegamos a cogitar uma parada no município de Jangada, às margens da rodovia BR-163 e famosa por seus pastéis, tanto que é considerada por muitos a "pastelândia" matogrossense. Mas não havia aonde parar o delicado bitrem em que estávamos. Portanto, viemos direto e sem paradas para o Cuia Cuia.

No restaurante do posto, encontramos Dirceu, Marcelo e outros funcionários da Vanguarda. Gilson e eu nos servimos e sentamos próximo à mesa em que eles almoçavam. Terminada a refeição, Dirceu se juntou a nós e demonstrou muito interesse em minhas observações. Até o momento, eu estava extasiado com a viagem e, ao mesmo tempo, preocupado e ansioso em fazer um bom trabalho, pois este projeto, em todo seu processo, foi muito incentivado, aguardado por muita gente.

Depois do almoço, voltei com Furlanetto para dentro do Stralis 380. Dessa vez, seguimos direto para a Unidade de Armazenamento da Vanguarda, com seis enormes galpões tomados por fardos de algodão esperando transporte para exportação. Mas chegamos tarde demais: nossa parada para o almoço nos custou o final da fila para o descarregamento, o que acarretaria, no mínimo, mais um dia de trabalho. Alguns caminhões, como os de Branco e João, que estavam atrás de nós, haviam passado a gente e tinham grandes perspectivas de saírem carregados ainda naquele dia.

Estávamos sem ter o que fazer por uns 30 minutos, sentados em um banquinho, encostados numa grade que separava a rua da unidade de armazenamento junto com mais alguns caminhoneiros, quando fomos surpreendidos pela chegada de Dirceu. Empenhado em colaborar com o meu trabalho, o gerente de frota da Vanguarda me chamou, de supetão, para uma antecipada visita à concessionária da Noma, em Cuiabá.

Durante o curto percurso, Dirceu perguntou se eu tinha trazido óculos e um boné, imprescindíveis naquela região. Respondi que não, porque tinha esquecido esse significativo detalhe. Eis que o gerente de frota me surpreendeu mais uma vez, tirando seus óculos de sol amarelos do rosto e dizendo:

— Toma. Pra você. Presente. Você vai precisar.

Impressionado com tamanha gentileza, eu disse que não precisava, que ele não se preocupasse comigo.

— Que nada. Pega logo. Você veio pra cá e eu não dei nada pra você. Toma.

Agradeci.

Assim que chegamos à Noma, Dirceu me apresentou a Antonio Melegassi, diretor da concessionária. Mais uma vez tive que explicar o meu projeto.

— Muito interessante. Acho legal você falar também do treinamento que as boas empresas dão aos caminhoneiros do setor. Afinal, um conjunto desses (em referencia ao custo de um Stralis 6x2 380, equipado com um bitrem da Noma) é quase uma média empresa — Melegassi comparou.

Contei pra ele que no máximo no dia seguinte retornaríamos com o caminhão, para consertar o vazamento que escapava pela válvula de ar do freio do bitrem.

— Claro. Isso é fácil de resolver — garantiu.

Não demorou muito para que voltássemos à Unidade de Armazenamento, onde Dirceu me ofereceu uma sala junto a outros funcionários do local. Nos despedimos e combinamos de manter contato sempre que necessário. Pluguei o notebook na tomada e passei cerca de uma hora trabalhando, até o momento em que me cansei de ficar por lá e voltei para junto dos caminhoneiros, com os quais me sentia mais à vontade.

Assim que cheguei perto deles, o Branco, que estava em pé, disse, apontando para mim:

— Eu que sou mais bonito, vou sair no livro dele em destaque com o Furlanetto, que é o melhor motorista do Brasil. Gustavo, me coloca no cantinho da capa. E só vou deixar o João aparecer porque, se não, o Furlanetto vai aparecer amputado, já que na foto ele está abraçando o João lá na fazenda. Só por isso — brincou.

Por causa da brincadeira de Branco, os poucos caminhoneiros ficaram curiosos, queriam saber que raio de livro era esse que estava sendo comentado pelo colega. Tive que explicar de novo, como ainda aconteceria outras vezes nos dias seguintes. Fiquei muito contente ao ver a empolgação deles com relação ao meu projeto.

— Cara. Você tem que relatar tudo o que a gente passa nesta vida, o tempo que a gente sempre espera para a liberação de uma nota, pra descarregar, pra qualquer coisa. Você também precisa falar dessas estradas, que são tudo *fudida*, dos abusos que a gente sofre por alguns polícias rodoviários. Tomara que você flagre e registre essas sacanagens — disse um deles.

— A polícia, se fizesse o que realmente tem que fazer, ia ser muito boa pra gente. Eles não param a gente pra perguntar se está tudo bem, há quanto tempo a gente não dorme ou está sem ver a família. Nem perguntam como está a rodovia, se a gente viu alguma coisa que mereça atenção mais pra trás. Se eles pedem pra parar, pode esperar que lá vem problema — argumentou Furlanetto.

Os caminhoneiros pareciam muito interessados na possibilidade de um livro com o qual se identificassem. Comentaram que, na maioria das vezes, só tinha "revista de putaria" nos postos de estrada. Ninguém comentou se comprava ou não revistas eróticas, mas disseram sentir falta de coisas boas e fáceis de ler. A maioria deles, além de me incentivar, prometeu comprar o meu livro.

Pouco a pouco, os caminhoneiros foram saindo, ou porque tinham terminado o que vinham fazer ali ou porque não daria mais tempo pra nada, teriam que chegar cedo no dia seguinte. No final, sobramos Branco, Furlanetto e eu.

Branco já estava carregando seu caminhão. Quando chegou a vez do Furlanetto descarregar a carga, a porta de entrada do galpão estava, segundo os funcionários do local, interditada por uma grande quantidade de fardos de algodão estocada. Gilson precisou manobrar seu bitrem de marcha ré e, para piorar, fazer um "L" para conseguir entrar no galpão. Após alguns minutos nessa tentativa bisonha, conseguiu posicionar o caminhão no lugar certo, com a ajuda de Branco. O descarregamento só foi começar às 19h30, quando já estava escuro em Cuiabá.

Gilson começou a fazer alguns cálculos, prevendo que se o caminhão fosse carregado e liberado até umas dez da noite, a gente partiria para dormir em sua casa, em Jaciara. Lembramos que o Internacional teria uma partida contra o Universidad Católica no estádio do Beira-Rio em Porto Alegre, válida para a Copa Sul-Americana. Fui buscar o notebook numa mochila, no leito do Stralis. Quando liguei o computador, procuramos imediatamente acessar alguma transmissão ao vivo pela internet, mas descobrimos que o jogo já havia acontecido, tendo terminado com a classificação do time gaúcho para as quartas de final após um chocho empate em zero a zero.

Com o nosso primeiro objetivo frustrado, perguntei ao Gilson se gostaria de mexer no computador. Ele até relutou no começo, mas acabou aceitando. Meu companheiro de viagem ligou o Messenger, mas não viu ninguém de sua família. Em menos de cinco minutos, escutamos o barulhinho anunciando que Leila, sua esposa, havia acessado o mesmo programa. Liguei a câmera embutida para que ela pudesse ver seu marido. Furlanetto avisou que havia grande possibilidade de chegarmos em casa em torno das 3 horas da matina. Pediu à esposa para arrumar o quarto "para um amigo nosso, que está me acompanhando e fazendo um trabalho comigo sobre o caminhoneiro", revelando a surpresa, não sei se agradável, de uma inesperada visita. Afinal, a saudade deles seria muito grande depois de 20 dias longe um do outro.

Furlanetto perguntou se era muito caro um notebook e quanto custaria para colocar internet no computador. Recomendei a compra quando passasse perto do Paraguai, pois mesmo regularizado na Receita Federal poderia sair mais barato do que um no Brasil.

— É, tem um monte de parceiro da estrada que faz isso. Vou tentar comprar um bem pequeno, nem precisa ser do mais avançado. É só para eu conseguir conversar mais vezes e por mais tempo com a minha família — desejou o motorista.

Sobre a internet eu não soube responder, já que utilizo um plano corporativo, onde os custos costumam ser reduzidos se comparados ao valor cobrado pelos serviços à pessoa física.

Nesse meio-tempo, Branco que fora motorista contratado da Vanguarda e recentemente adquirira um caminhão, com o qual trabalha como agregado da empresa — segundo Gilson, o Dirceu gosta muito do velho motorista e sempre arranja algum frete para o caminhão dele, um NH 12 bicudo da cor de seu sobrenome, igual ao que tínhamos visto no caminho de Mutum para Cuiabá —, terminou o carregamento, pesou e pegou a liberação de seu veículo. Do lado de fora da Unidade de Armazenamento, Branco parou, deixando o motor ligado e a porta do seu lado escancarada, apenas para chegar junto à grade e se despedir da gente, nos desejar "bom trabalho, boa sorte e fiquem com Deus". Gilson se virou pra mim e disse:

— Esse é um cara muito legal. Tem um coração muito bom.

Eu não tinha como discordar.

O carregamento foi interrompido exatamente às 20h12. Ao final do expediente, deixando pela metade o que estavam fazendo, os empregados que trabalhavam no carregamento pararam e foram embora — um balde de água fria nos planos de Furlanetto de rumar para casa ainda naquela noite.

Tivemos de procurar algum lugar para pernoitar. Gilson me deixou na porta do Hotel Pantanal e foi dormir no posto Trevisan. O estabelecimento em que passei a noite era novo, tinha uma fachada muito bonita — luzes verdes tingiam as paredes outrora brancas, antes de escurecer. Me alojei no quarto de número 63 e, para minha total surpresa, o frigobar estava vazio: se eu quisesse consumir alguma coisa, deveria pedir à recepção. O jantar servido no restaurante do hotel era *a la carte*, com apenas duas opções de carne: frango ou boi. O acompanhamento era o mesmo para os dois. Pedi frango.

Comi posicionado estrategicamente de frente para a televisão, que mostrava um jogo do Botafogo (RJ) contra o América de Cali (Colômbia), no estádio do Engenhão.

***

02/outubro/2008

Acabei me atrasando um pouco de manhã, mas como não havia possibilidade de sairmos da Unidade de Armazenamento antes do horário de almoço, fui andando calmamente, com minha bagagem exagerada. Quando faltavam cerca de 50 metros para chegar lá, um funcionário da Vanguarda, que eu ainda não conhecia, parou com um carro branco também adesivado com o logotipo da empresa.

— É você quem está fazendo o documentário? — perguntou o jovem.

Respondi positivamente e ele me ofereceu carona. Mesmo faltando pouco para chegar, aceitei, já que a mala estava pesada.

Cumprimentei os guardas da guarita e fui para perto dos caminhoneiros. Havia algumas caras novas, e o Stralis de Furlanetto já estava sendo carregado, dessa vez, na parte de trás do galpão. Estranhei, porque pensava que a entrada estava obstruída. Os empregados do local justificaram com o fato de que a produção de algodão estava muito grande e, por isso, tinham precisado estocar os fardos no centro do galpão, o que impossibilitava ao caminhão fazer o curso indicado: entrar pelo acesso dos fundos e sair pela parte da frente, evitando uma série de manobras complicadas.

Fui guardar a bagagem no leito do caminhão. Aproveitei para escrever em meu caderno na boleia e percebi que estava transpirando feito um condenado. A sensação infernal que o clima cuiabano impunha sobre nossas cabeças persistia, sem cessar um segundo sequer. Pude ver que um sorveteiro encostara na grade, do lado de fora. Terminei rapidamente minhas anotações e fui direto obter um delicioso picolé caseiro de groselha. O assédio sobre o sorveteiro era muito grande, tanto, que ficou nos abastecendo até a hora do almoço. Não demorou para que eu comprasse o segundo picolé, de abacaxi, por R$0,50 cada.

Com um dia de atraso, estava absolutamente ansioso pela viagem que nos levaria até Paranaguá. Só me restava esperar, pois ainda teríamos alguns afazeres antes de embarcarmos na primeira parte do roteiro — que nos levaria para passarmos a noite em Jaciara, junto com a família de Gilson que ele não via há exatas três semanas.

O carregamento terminou em um bom horário, às 9h40 da manhã. Agora, faltavam apenas o alonamento, a pesagem e a liberação da nota, seguidos do conserto da válvula do freio do bitrem na Noma. Também seria preciso buscar o manifesto da carga em outra base da Vanguarda. Nossa perspectiva, segundo os cálculos de Furlanetto, era partirmos até o final da tarde.

— A vida do caminhoneiro é esperar. Esse é o dilema do motorista — desabafou Gilson. — A gente espera a vez de descarregar, espera para carregar, espera a vez de enlonar o bitrem, espera a liberação da nota. A gente espera pra tudo, até para o que não é da nossa conta a gente tem que esperar — explicou Furlanetto, muito paciente, mas ansioso para ver sua família. — Em São Paulo, tem gente que se estressa só de esperar em fila de padaria. Imagina se trabalhassem com isso — comparou, aos risos.

E o motorista tinha razão. Desde que eu chegara até aquele momento, tínhamos perdido dois dias, por causa dos atrasos em Nova Mutum e nesse processo de carregamento, o que atrasaria o nosso regresso a Cuiabá em também no mínimo dois dias. Inicialmente, a viagem estava programada para durar oito, agora poderia chegar a 10 ou 11 dias, se não houvesse outros atrasos.

João, que estava com seu caminhão próximo ao Stralis, deixou que passássemos na sua frente para que terminássemos mais rápido.

— Pode passar com o caminhão na minha frente, que

vocês *tão* fazendo um trabalho legal — solidarizou-se.

Salgadinho e Olho-de-Gato chegam para fazer o alonamento. Começaram a brincar e fazer piadinhas.

— Olha lá. Filma ele e mostra que gente feia também pode fazer parte do mercado de trabalho — riu Salgadinho.

Sempre que eu apontava minha máquina fotográfica, eles riam. Mas consegui algumas fotos deles trabalhando a sério.

— Deixem a lona bem esticadinha, retinha e bonitinha, que é pra carga ficar bonita e aparecer bem na foto — pediu Furlanetto. — A vaidade do caminhoneiro é o alonamento. Você sabe quando um cara é desleixado pela qualidade do alonamento dele — revelou o motorista.

Vimos João se afastando, com seu galão de água. Pouco tempo depois estava de volta e preparou um providencial suco em pó sabor laranja, estupidamente gelado. Sacou todos os copos e canecas que tinha num compartimento de seu implemento e disse:

— Tomem. A gente precisa secar esse galão, porque se esquentar, vai ficar ruim pra caramba.

Vieram Salgadinho, Olho-de-Gato, Furlanetto e mais dois caminhoneiros que chegaram de surpresa, eu e o próprio João, um típico boa gente. Quando fomos almoçar eram quase 13h00, depois que os funcionários do escritório estavam satisfeitos. O refeitório estava repleto de caminhoneiros.

De repente, começou um alvoroço.

— Olha. Olha o tamanho do prato dele. É por isso que falam que quando tem uma montanha de comida no prato, é um prato de caminhoneiro. É por causa desse cara aí, ó — brincou um deles.

— É a montanha do Everest. Não, é a Cordilheira dos Andes inteira, que está no prato dele — disse outro, às gargalhadas.

Estavam todos rindo, admirados com o tanto de comida que um dos caminhoneiros colocara em seu prato.

— Ô jornalista. Ô jornalista. Tira uma foto do prato dele pra você colocar no seu documentário de livro! — disse outro risonho colega.

Fotografei.

O dono do prato também já não se aguentava de tanto que ria, mesmo sendo o alvo das piadas.

— Pode publicar. Mas aí você diz que caminhoneiro só come uma vez por dia. Só na hora do almoço — disse a vitima das brincadeiras.

De certa forma, ele tinha razão. Certa vez, Furlanetto me contou que, na estrada, tem muito caminhoneiro que só para pra almoçar e para dormir. É o chamado "lata seca", que não para nem pra se esticar um pouco nem para ir ao banheiro. Normalmente, o "lata seca" tem pressa para tudo, quer terminar tudo rápido para emendar um frete no outro e faturar um pouco mais.

Finalmente, às 13h45, saímos da Unidade de Armazenamento. Segundo a balança do local, o Stralis estava puxando 36.580 quilos de carga, com PBT de 56.570, quase meia tonelada abaixo do limite permitido. Por ser muito perto, chegamos à concessionária Noma em cinco minutos. Lá, cruzei com Antonio, que passava pelo pátio da loja. Solícito, Melegassi prometeu agilizar o nosso lado. Rapidamente vieram os mecânicos para consertar o problema com a válvula de ar do sistema de freios do bitrem, facilmente resolvido.

Saímos da oficina às 15h16 e fomos para o posto Locatelli, onde a Vanguarda também tem uma base estabelecida. Enquanto Gilson buscava o manifesto da carga, me dirigi ao bar do posto para comprar um suco de caixinha gelado. Também comprei dois pacotes de bolachas, pensando que seriam muito úteis durante a viagem. Furlanetto voltou e pediu que o acompanhasse até a sala da empresa, porque o pessoal de lá queria me conhecer. Saímos de lá meia hora depois de nossa chegada.

    Finalmente, nossa jornada até o famoso Porto de Paranaguá iria começar.

SEGUNDA PARTE

Capítulo 5
E lá vamos nós...

Não mais do que de repente, a atmosfera que cercava o nosso frete mudou completamente. Antes, estávamos cumprindo apenas com as obrigações e a burocracia necessária. O sentimento era de expectativa. Mas agora era diferente. Assim que subimos na boleia do Stralis 380, rumo à BR-163, já estávamos efetivamente onde queríamos estar: na estrada, rumo a Paranaguá, sem a "encheção" das esperas, prontos para os quase dois mil quilômetros de pernada, só no percurso de ida. Ainda restava a volta.

Foi só atravessarmos o limite de Cuiabá e fomos parados por um policial rodoviário. Pediu que encostássemos ao lado de um caminhão que já estava parado pouco mais à frente.

— O que é isso aí em cima? Essa igrejinha não está muito alta, não? — questionou o policial.

— Nós medimos lá na empresa e está abaixo do limite — argumentou Furlanetto.

— Será mesmo? Vamos ver... — disse, mostrando uma barra de ferro. Esticou seu braço e continuou: — Parece que estourou o limite de 4,40 metros. Será que a régua da empresa está com medidas diferentes? — insinuou. — Posso ver seus documentos? — solicitou ao caminhoneiro.

Para que andássemos com o maior volume de cargas possível, os fardos, de forma retangular, eram acomodados no bitrem com o lado grande encostados na superfície. Como sobrava espaço entre eles, os demais fardos de algodão estavam posicionados "em pé", o que valorizava o frete e evitava que a carga "dançasse" dentro do implemento, evitando acidentes por falta de estabilidade. Afinal, com o caminhão em movimento a carga estaria se mexendo. A última fileira de fardos, posicionada ao centro, para que o peso ficasse distribuído corretamente, se destacava em um formato triangular na parte superior, chamado de "igrejinha".

Gilson entregou todos os documentos. O policial caminhou em direção ao posto de fiscalização da PRF, e Furlanetto desceu em seguida. Esperei por cinco minutos na boleia, depois desci e fui para perto do motorista. Mais dois caminhões, que também rumavam para o Porto de Paranaguá, foram parados logo atrás da gente. Fomos conversar com os dois caminhoneiros, parados pelo mesmo motivo. Também carregavam algodão.

Enquanto o agente oficial não voltava com os documentos dos três motoristas, Furlanetto chamou nossa atenção:

— Olha lá, o cara do lado da gente derrubando a carga.

O caminhoneiro havia desfeito o alonamento do implemento que equipava seu caminhão e estava sobre a carga, despejando o excesso para fora. Momentos depois, ele diria que botaria alguns fardos dentro da cabine de seu caminhão, mas não sabia o que fazer com o excedente caído ao chão.

— Com um pouco de sorte, se alguém parar por aqui com espaço no bitrem, peço pro cara carregar pra mim, ou até dou pra ele. O que eu não quero é deixar aqui — afirmou.

Pouco depois, o policial abriu a porta do estabelecimento oficial e, calmamente, caminhou em nossa direção.

— E aí, vocês já resolveram o que querem fazer? Se alguém quiser ir conversar comigo é só me procurar lá dentro — recomendou, deixando algumas dúvidas no ar.

— Poxa vida. Tenho certeza de que a carga não tá acima dos 4,40 metros, deixei de puxar madeira por causa disso. Agora, de novo. Mas será possível uma coisa dessas? — exaltou-se um dos caminhoneiros.

 O policial se virou e voltou para dentro da unidade.

 — Deixa que eu vou lá resolver isso — disse o caminhoneiro, com seu arrastado sotaque sulista. Descobrimos que era catarinense, conterrâneo de Furlanetto. Caminhou a passos largos; pela tensão que demonstrava em seus movimentos, passava a impressão de nervosismo. Pouco tempo depois, o caminhoneiro voltou.

 — Ele disse que tem muita gente querendo dar uma de esperto, mas que vai medir novamente a altura da nossa carga. Vai ver que ele errou. Errar é humano — completou, em tom mais brando.

 Tivemos que esperar uns cinco minutos até que ele medisse novamente a altura das três cargas.

 — Podem ir. Esse tipo de problema só começou quando, há pouco tempo, inventaram essa igrejinha. Antes isso não existia — disse o policial.

 — Ei, mas vocês já estão indo embora? — perguntou o primeiro caminhoneiro, que estava sem camisa, suado do esforço que fizera para derrubar sua carga, ainda exposta ao céu. Dissemos que estava tudo certo com a nossa altura.

 — Assim, na maior? Não rolou nada lá dentro? Puta merda — retrucou. — E olha que a minha carga estava mais baixa do que a de vocês. O que eu faço agora? Que bosta! Será que ele me libera também? Não tinha necessidade de pegar no nosso pé desta maneira. Enfim, boa viagem, parceiros — desabafou.

 — Acho que seu problema também se resolve rápido. Boa sorte — disse Furlanetto.

 Passamos as horas seguintes na deteriorada BR-163, que de tantos buracos e ondulações ocupando grande parte de sua extensão parecia ter sido palco de uma grande chuva de meteoros. Durante todo esse tempo, ficamos nos perguntando por que o policial tinha nos parado.

— Isso só serviu para nos atrasar — comentávamos, seguidamente.
— Pior foi o que aconteceu com o nosso colega do trecho — lamentou Furlanetto.
— É verdade. Que fim terá levado aquela carga?

Lar, doce lar

Fazendo uma média de 55 km/hora, chegamos a Jaciara depois de 170 quilômetros percorridos. Passamos pela casa de Furlanetto e estacionamos a poucos metros, bem na frente de um muro extenso. Tivemos um pouco de sorte, por não haver nenhum veículo estacionado no local. Segundo Gilson, que conhece bem sua vizinhança, não seria nada fácil encontrar outro lugar para deixarmos o bitrem.

Assim que descemos do Stralis 380, pudemos ver sua esposa e dois filhos esperando ansiosos na calçada. Gilson sequer levou suas mudas de roupa; partiu na direção de Leila, que o recebeu calorosamente. Em seguida, o pai de família abraçou seus dois filhos, e só então pudemos ser apresentados.

Dentro da casa térrea, me deixaram muito à vontade. Jackson, o caçula da família, me emprestou seu quarto, onde pude me alojar. Em seguida, fui beber um copo d'água. Gilson me apresentou como jornalista e explicou, superficialmente, o trabalho de acompanhamento que eu estava fazendo.

Começou a preparar o jantar com sua esposa. Estavam cozinhando muita coisa, entre elas, peixe. Detesto peixe, nunca gostei. Para mim, de peixe já basta o Santos F. C. Fiquei desconcertado, pois não queria deixá-los chateados por estarem preparando algo de que eu não gostava. Tinha algum tempo para inventar uma desculpa — a mais simples possível, uma vez que as mentiras mais mirabolantes são facilmente desmascaradas.

Nesse meio tempo, Gilson pediu que Jackson buscasse seu livro. O jovem, que aparentava ser ainda mais novo do que seus 13 anos, trouxe rapidamente um caderno, de capa amarelada. E com a voz que começava a engrossar, embora desafinasse algumas vezes, uma característica própria da puberdade, disse:

— Olha. Esse é meu livro. Começa aqui — explicou, apontando para mim.

Folheei o manuscrito com cerca de 20 páginas e perguntei quanto tempo levara para concluí-lo.

— Demorei uns 10 dias, mais ou menos — disse, me surpreendendo.

— Do que trata a história?

— É sobre um crime no Japão — começou Jackson.

— Em Tóquio?

O jovem escritor assentiu com a cabeça. Segundo o autor, o livro estava envolto em uma atmosfera misteriosa, de assassinato e tráfico de drogas. Ao contrário do que possa parecer (para alguns), não era o caso de um adolescente com desvios psicológicos; pelo contrário, se mostrou bastante calmo, estudioso, bonzinho até demais, nada do tipo de moleque que fica zoando a torto e a direito. O tema abordado em seu primeiro livro era bastante corriqueiro nos telejornais, novelas, filmes, histórias em quadrinhos e jogos de videogame, entre outras mídias.

— E nem é trabalho de escola. Ele fez porque quis — contou o orgulhoso papai.

Dei força para que ele continuasse escrevendo e sugeri:

— Você já pensou em passar isso para o computador? Monta um blog na internet e começa a publicar seus textos, daí as pessoas podem comentá-los — recomendei. Eu gostaria.

De volta à sala, Gilson me mostrou um álbum de família; logo nas primeiras fotos, me surpreendi ao vê-lo posando junto com outros homens, todos trajando roupas típicas do folclore gauchesco. Fui avançando e o vi tocando baixo, numa apresentação com uma banda. Algumas de suas histórias passaram a fazer ainda mais sentido.

— O nome da banda era Cambichos — revelou Furlanetto.

Perguntei o que significava e ele respondeu prontamente:

— Paixão. É um termo gauchesco.

Gilson participara da banda quando ainda residia em Santa Catarina. Segundo o motorista, chegaram a fazer turnê pelo sul do país, por Mato Grosso e outros lugares com forte influência da colônia gaúcha. Furlanetto era um dos líderes, e a banda só deixou de existir porque os instrumentistas foram convidados para formar outro conjunto. Sem muito retorno, os músicos deram outro rumo a suas carreiras.

— Vamos comer, está pronto — chamou Leila.

Nos juntamos em torno de uma mesa farta e convidativa. Tudo parecia muito saboroso, até que...

— Posso te servir de peixe, Gustavo? — ofereceu Gilson.

Recusei. Disse que sofria de alergia — uma mentira deslavada —, que me sentia constrangido por não comer nada que viesse da água.

— Mas esse peixe é de água doce. Você não quer experimentar? — insistiu Leila. Recusei mais uma vez. Disse que tinha medo de passar mal.

As demais comidas sobre a mesa estavam deliciosas. Enquanto nós, adultos, bebíamos um galão de cinco litros de um vinho que Gilson trouxera de uma de suas viagens a Caxias do Sul, os meninos se esbaldavam com suco de laranja.

Havia uma surpresa escondida na geladeira. Jackson provou mais um de seus dotes: o bolo de aniversário de Gilson, que ele próprio havia preparado com três dias de antecedência, já que, mais uma vez, o caminhoneiro passaria seu aniversário distante da família. Era de chocolate, com cobertura de chocolate e creme no recheio. Direto ao que interessa, o doce foi servido sem que cantássemos o manjado "parabéns pra você". Estava delicioso.

03/outubro/2008

Logo cedo, por volta das 8h30, percebi que a família Furlanetto me aguardava para o café da manhã. Estava muito agradável, o dia estava ensolarado, mas havia um vento gostoso, não era a frigideira de dias atrás. Na mesa, o café estava quente, o suco gelado para refrescar, os pães e os frios também ao alcance da família. O bolo estava no canto da mesa, esperando que alguém adoçasse a manhã.

Depois de satisfeito fui para a sala, acompanhado de Gilson e Jefferson. Nesse momento, começou meu intensivo em música gauchesca. Jackson veio até nós e seu pai pediu que pegasse dois shows em DVD. O primeiro era de Délcio Tavares, com o título "Ítalo-Gaúcho", gravado em 2005, no Teatro São Pedro, em Porto Alegre. O segundo era um tributo a Teixeirinha com 22 participações de artistas da região, intitulado "Especial Teixeirinha – O gaúcho coração do Rio Grande".

Jackson colocou Délcio para tocar. Gilson foi até seu quarto e voltou com um dicionário de expressões gauchescas.

— Olha, Gustavo, tem até um dicionário pra você entender as expressões de lá.

— Pelo tamanho, deve haver um dialeto à parte praticado no sul — brinquei.

— Eu também gosto muito do Gaúcho da Fronteira. Gosto de vários, mas desses eu gosto mais. As letras são muito boas — afirmou Gilson.

Em geral, as composições desse segmento são muito bem-humoradas, e tratam de assuntos locais. Reconheci imediatamente a influência desses artistas no *rock'n'roll underground* do Rio Grande do Sul.

— Gilson, conheço várias bandas de rock lá do sul. Gosto muito delas, das letras das músicas também, normalmente bem-humoradas. Devem ter uma influência direta dessa cultura gauchesca — comentei.

— Acho que é isso mesmo. Quer ver? Jackson, coloca o DVD do Teixeirinha, porque eu acho que o Gustavo vai gostar — pediu Furlanetto.

Comecei a folhear o dicionário e procurei pelas expressões "gauderiada" e "bolicho". Queria entender o trecho "vai animando a gauderiada no bolicho" da música "Amigo Punk", da extinta banda Graforreia Xilarmônica. Descobri que não há tradução literal, mas pode ser interpretado como "vai animando a vagabundada na taberninha". Contei para o Gilson que finalmente tinha entendido o trecho da música, e ele riu. Perguntei se ele a conhecia, tinha sido uma banda bastante conhecida no sul. Mas ele não sabia quase nada sobre o rock gauchesco, com exceção dos Engenheiros do Havaí e da Nenhum de Nós.

— Olha lá. É aquele roqueiro... putz, não tô lembrando o nome. Você deve saber quem é... Ele é legalzinho — interrompeu Furlanetto. Era Humberto Gessinger, eterno vocalista dos Engenheiros do Havaí. Depois dele, haviam surgido diversos músicos, como Renato Teixeira e Thedy Corrêa, vocalista da Nenhum de Nós, entre tantos outros gaúchos. Vimos o DVD inteiro. Assim que o show acabou, assistimos o de Délcio Tavares, dessa vez na íntegra. Perguntei ao Jefferson se ele gostava de música gauchesca.

— Mais ou menos. Não gosto muito, não — respondeu.

— Os Cambichos tocavam esse tipo de música, gauchesca, bem regional mesmo — lembrou Furlanetto, com certo ar de nostalgia. — Hoje em dia, tenho dificuldade pra cantar e aprender a tocar música nova — reclamou. — Não que um pouco de empenho não possa refrescar os dedos e o gogó.

Leila nos chamou para provarmos seu almoço. Mais uma vez, a mesa estava caprichada. Gilson disse para a família, cheio de motivos para esticar nossa estada em sua residência:

— O tempo que a gente perderia parando pra comer na estrada, a gente passa aqui com vocês.

Pode até soar cafona ou piegas, mas seu ofício tomava não só horas, mas dias, semanas, longe de sua casa. O máximo que poderia acontecer seria nos atrasarmos um pouco, nada que atrapalhasse a nossa programação, que já estava mesmo atrasada.

Capítulo 6
O som dos pampas e alguns problemas

Às 13h27 nos despedimos da família e partimos para mais um dia de nossa jornada a bordo do Stralis 380, em direção ao Porto de Paranaguá. Porém, antes de ligar o motor do caminhão, Gilson pegou um de seus três estojos de CD, selecionou um deles e botou para tocar. Regados pelas cômicas canções gauchescas, fomos para a BR-364 e, pela primeira vez, às 15h20, presenciamos uma ação de reparos na estrada: era a operação "Tapa-Buracos", que o DNIT (Departamento Nacional de Infraestrutura de Transportes) exercia em nome do governo federal.

Na verdade, o "Tapa-Buracos" não passa de uma ação paliativa, já que não visa a recuperação de rodovias através de repavimentação nem a reavaliação e recuperação de seu traçado. Apenas tapa buracos com um remendo de asfalto, criando desníveis em relevo. Ficamos 20 minutos parados na rodovia, enquanto uma longa fila de veículos, a maioria de caminhões, ia se formando.

O final da tarde começava a dar sinais de que uma noite promissora estava por vir. Eram 17h15 e começava a escurecer quando paramos para declarar a carga num posto oficial, na saída do Estado do Mato Grosso. Perdemos 15 minutos nesse processo.

— Bem que poderia existir alguma coisa que diminuísse toda essa burocracia — reclamou Furlanetto.

— E existe. Mas não no Brasil — respondi.

Contei que certa vez tinha participado de uma coletiva de imprensa com um canadense chamado Umberto de Pretto, Secretário Geral do IRU — *International Road Transport Union* [União Internacional de Transportes Rodoviários] —, em que ele apresentara uma solução para o mesmo caso na Europa. O setor é amplamente prejudicado pelo excesso de barreiras regionais e alfandegárias, onde, muitas vezes, o caminhão é obrigado a parar para a que a carga seja verificada pela Polícia Rodoviária Federal. Segundo Umberto, o mercado europeu buscou uma solução para acabar com o problema. Criou-se o TIR, em que transportadoras e caminhoneiros autônomos filiados recebem a verificação do carregamento apenas nos momentos de carga e descarga, um serviço muito semelhante ao "Sem Parar", em que o veículo, toda vez que passa por um desses pontos de parada, emite um sinal para a base e pode seguir a viagem normalmente. Umberto apontou que era um produto multimodal. Informou que, na Europa, 1/3 dos carnês rodoviários estão na Turquia. A implementação não é complicada, podendo ser acoplada a qualquer um dos sistemas de pagamento eletrônico, como o próprio Sem Parar, de nota fiscal eletrônica, entre outros. Bastaria uma movimentação do setor a favor do serviço, além da regulamentação do mesmo pelos devidos órgãos federais.[1]

Não demorou muito para que chegássemos a outro posto oficial, dessa vez para declaração de entrada de carga no Estado do Mato Grosso do Sul. Foi rápido. Em menos de cinco minutos, Furlanetto estava de volta à boleia para seguirmos a viagem.

Na altura do Km 830 avistamos um grande, impressionante, porém controlado incêndio em uma imensa plantação de cana-de-açúcar no lado esquerdo da rodovia, no sentido sul.

— Provavelmente foi provocado, para cortar a "palha" da cana — suspeitou Furlanetto.

Logo depois, fomos surpreendidos por um som de cigarras ensurdecedor. Deviam ser centenas, milhares delas, que, juntas, tinham seu barulho multiplicado: parecia suficiente para fazer calar uma torcida de futebol em final de campeonato.

Eram quase sete e meia da noite quando paramos para esticar as pernas no Auto Posto Cristo Rei III, um posto de combustível às margens da BR163, dentro do município de Coxim. Gilson, que já esboçava sinais de cansaço, foi trocar a água de seu galão por uma mais gelada. Me dirigi até a loja de conveniência, onde comprei uma água de coco para mim e um chá de guaraná para o meu parceiro: ele precisava se manter acordado e os famosos rebites estavam fora de cogitação.

De volta à BR-163, me senti como no "Carmageddon", um verdadeiro clássico de videogame dos anos 1990 em que o objetivo era atropelar o maior número possível de pedestres,

---

[1] Baseado em um trecho do artigo "Solução é profissionalizar", publicado originalmente em 09/09/2008 no portal *Transpoonline*.

e que precedeu a famosa série "Grand Theft Auto". Não, não cometemos nenhum genocídio, não humano, pelo menos. Naquele momento atravessávamos um trecho infestado por alguma espécie de insetos voadores, eu não soube precisar de qual espécie, mas pareciam cupins. Durante um tempo longo e inevitável, essa asquerosa forma de vida foi estalando na parte frontal do caminhão. Muitos deles grudavam no vidro, deixando sua gosma por toda parte; outros estouravam no para-brisa, mas não se fixavam. Achei a cena divertida, já que odeio insetos. Algumas coisas da natureza, quando muito, são legais apenas em canais de documentários.

Por volta do quilômetro 780 da rodovia, num interminável sobe e desce que acompanhava o traçado da montanha, começamos a estranhar o comportamento dos que vinham em sentido contrário: todos davam uma piscada de farol alto e indicavam que estávamos com o farol de milha ligado. Furlanetto não entendeu, pois estávamos com o farol normal. Foi então que se deu conta de que os outros veículos só se queixavam quando estávamos numa subida, e matou a charada. O caminhoneiro explicou que o caminhão, na versão 6x2, tinha os dois eixos traseiros com o peso dividido igualmente; e para não "espanar" na pista, o que poderia resultar num acidente, havia levantado o eixo do *truck*. Como consequência, o peso do bitrem foi todo para o eixo de tração, o que fez a dianteira do veículo empinar, passando a impressão de que estávamos com o farol alto acionado.

Semanas mais tarde, encontrei Luciano Cafure, responsável pelo desenvolvimento da linha pesada da Iveco, num evento que marcou o lançamento da família Trakker no Brasil. Na ocasião, expus os problemas encontrados durante a nossa viagem, mas ele revelou que a dificuldade é comum, não só nessa configuração de caminhão, mas em todas as marcas. A solução é mesmo a tração 6x4, mas a montadora pode estudar uma calibragem diferente de suspensão. A propósito, o caso dos para-lamas altos demais já tinha sido notado pela montadora, que tem promovido a substituição de fábrica do modelo tradicional para um em três partes, no qual a parte superior, que é tocada pelo implemento, pode ser retirada. Na Europa a Iveco tem soluções prontas, que não podem ser simplesmente importadas por questões dimensionais do produto brasileiro.

***

As horas que se seguiram foram absolutamente tranquilas, até que adentramos o município de São Gabriel. À direita da pista, avistamos um pequeno hotel, homônimo da cidade. Furlanetto estacionou alguns metros depois do local e passou a noite na boleia. Combinamos de nos encontrar às quatro da madrugada. Desejei uma boa noite ao meu parceiro e fui me hospedar no hotel. Pela primeira vez na viagem, paguei a diária antecipada.

Já no quarto 116, acomodei minha bagagem sobre a cama. Assim que me virei, avistei uma aranha na parede sobre a televisão, bem na divisória com o teto. Seu corpo era pequeno e verde, suas pernas finas e compridas. Incomodado só por saber que o bicho estava ali, peguei um pedaço de jornal e empurrei o aracnídeo para fora da janela, chacoalhando o papel no batente até que saiu andando. Quando fui para o banheiro para o merecido banho, avistei outro inseto — ainda mais nojento, daqueles que dizem ser pré-históricos e parecem uma tâmara com perninhas — andando calmamente sobre os trilhos da porta do box. Não tive dúvidas, escorreguei a porta sobre a barata, que faleceu no local.

Antes de dormir, liguei a televisão, com o objetivo de pegar rápido no sono. Posicionei toda a minha bagagem, inclusive meu par de tênis, sobre a mesa de vidro: não queria que nenhum bicho escroto passeasse por minhas coisas. Me lembrei daquela música dos Titãs: "Bichos! Saiam dos lixos.

Baratas! Me deixem ver suas patas..." — a música é boa, mas a situação é, de novo, lamentável.

Bola pra frente, pois caminhoneiro não tem mesmo vida cinco estrelas.

04/outubro/2008

Acordei no susto. Olhei para a janela do quarto e vi que a claridade vazava para o lado de dentro. Peguei meu telefone celular, que repousava sobre a mesa de vidro, e me espantei, mais uma vez, ao perceber que estava atrasado em mais de uma hora. Eram 5h09 e, pela primeira vez na jornada, não tomei meu banho matinal, como costumo e gosto de fazer diariamente.

Em menos de dez minutos estava pronto, tinha pago as despesas do frigobar e estava do lado de fora do caminhão, batendo na janela e tentando acordar meu parceiro, que só despertou cerca de dois minutos mais tarde. Gilson dormia, mas estava pronto e devidamente acomodado em seu banco.

— Bom-dia. Acordei às quatro horas, mas como você demorou, tirei um cochilo — justificou-se.

Eu disse que meu celular tinha falhado e que, por sorte, acordara espontaneamente às cinco e pouco da madrugada. Devido à pressa, não coloquei minhas lentes de contato, mas os três graus de astigmatismo com os quais convivo há alguns anos pareciam não ser um grande empecilho para o resto do dia.

Seguimos na sonolenta BR-163. Era a minha vez de esgotar o sono. Dormi pouco mais de uma hora e acordei, naturalmente, por volta das seis e meia da manhã. Gilson resolveu ligar o rádio, mas não havia nada de muito agradável para os meus exigentes e nada ecléticos ouvidos. A estação alternava músicas de pagode e sertanejas, mas a sintonia estava muito ruim, com um chiado muito forte. O motorista pediu que eu pegasse um CD em um dos estojos. Era uma coletânea, com muitas músicas do Almir Sater e outros artistas do gênero. Foi um alívio auditivo...

Chegamos à capital Campo Grande pelo rodoanel. Procurando a concessionária da Iveco, acabamos passando do ponto e tivemos que fazer dois retornos para voltar à unidade.

— A concessionária pode ser na cidade, mas a oficina deveria ser só em rodovias. E, de preferência, em um posto grande. Isso é geral, todas as marcas fazem suas oficinas dentro das cidades. Quem vai pra estrada não é o dono da frota, que compra caminhão novo. É a gente, que tem que sair da rota, perder tempo, além do quê, é difícil rodar de bitrem dentro da cidade — protestou Furlanetto.

Ingressamos na concessionária pontualmente às oito horas da manhã, sob um sol de lascar. O atendimento da primeira revisão obrigatória do Stralis 380 só começou às 9h25. O serviço foi bem simples — todos os filtros, óleos e lubrificantes foram devidamente substituídos. Gilson comentou sobre o para-lama traseiro, que quebrara logo no começo da viagem por ser muito alto. O mecânico confirmou que o problema era geral.

— Tanto é que estamos cortando o para-lama. Você vai querer pedir um novo, para quebrar de novo, ou podemos cortar aqui? Fica retinho, bem feitinho — disse.

O motorista autorizou e os para-lamas traseiros foram serrados. Até porque a rachadura estava descendo, e certamente, mais cedo ou mais tarde, comprometeria a lanterna, posicionada centímetros abaixo do ponto danificado.

Um sujeito branco, de cabelo curto e estatura mediana, vestindo um macacão azul de funcionário da oficina, nos abordou. Viu meu colete de jornalista e veio perguntar que tipo de matéria eu estava fazendo. O homem era Pedro, eletricista da oficina

Contei que estava acompanhando o motorista desde o Mato Grosso até o Porto de Paranaguá, ida e volta. Pedro perguntou se iríamos votar nas eleições do primeiro turno. Respondemos que tentaríamos justificar o voto, já que não estaríamos em nossas cidades.

— Caminhoneiro nenhum vota, só justifica. É por isso que político não faz promessa pra caminhoneiro, porque quem não vota, não tem valor — protestou Pedro.

Concordamos, e demos corda pra ele.

— Outro dia, veio aqui um deputado pedir voto. Expliquei que caminhoneiro não vota; ele disse "Ah, é", e foi embora. Nem sei o nome do lazarento, puta picareta — homenageou.

Com a revisão em dia, e o problema dos para-lamas resolvido, faltava ver se havia alguma solução para a questão dos eixos do *truck* e de tração que estavam igualmente nivelados, o que gerara o problema do farol alto, fácil de se repetir futuramente.

— Você também não é o primeiro a reclamar disso. Se autorizar, posso virar duas molas do eixo do *truck* pra ele subir um pouco e resolver o seu problema — aconselhou o mecânico.

Gilson concordou mais uma vez.

Como a revisão do veículo interfere diretamente na segurança de seu condutor — e do(s) acompanhante(s), se for o caso —, lembramos uma história que o João tinha nos contado em nosso último dia em Cuiabá, na Unidade de Armazenamento, enquanto nos refrescávamos com o suco gelado recém preparado: "Um dos altos índices de acidente com o caminhoneiro se dá no momento do alonamento, quando o motorista está amarrando a carga com a cinta que, de tão apertada, arrebenta e causa acidentes que muitas vezes são graves, como se fosse uma corda de violão estourando. Pode bater no braço, no tronco e no rosto, e por isso eu uso sempre uma das mãos para segurar a base enquanto a outra aperta a fivela", ele disse, "mas nem todos conseguem. Como a cinta é muito dura, normalmente o pessoal usa as duas mãos para apertar, e é justamente quando ocorrem os acidentes".

A oficina cumpriu seus serviços de pós-vendas. Saímos satisfeitos da concessionária, às 11h00 da manhã. Afinal, tínhamos feito tudo o que era preciso, inclusive as questões técnicas tendo sido devidamente remediadas. A questão não era se havia dado um problema aqui ou ali. Afinal, se tratava de máquinas e, se nunca dessem problema, não precisariam de pós-vendas. O que conta é se, tendo problemas, o caminhão tem apoio ou não: peças, serviço e orientação.

Capítulo 7
Discutindo o indiscutível: religiões

Eu já estava até pensando que Furlanetto era ateu, ou que acreditasse em Deus, mas não se importasse com as religiões, pois até então não havia feito sequer uma menção sobre o assunto, neca de pitibiriba, nem pra dizer "durma com Deus", ou "que Deus nos proteja nesta viagem". E o assunto só surgiu porque vimos duas religiosas, que pareciam ser monjas, pois usavam uma roupa marrom, bastante característica, com o capuz caído, e uma corda amarrada na altura da cintura. Caminhavam descalças na beira da BR-163 — próximo ao município de Nova Alvorada —, sobre um asfalto capaz de fritar um ovo antes mesmo de se piscar os olhos.

— Acho que elas pagam os pecados judiando dos pés. Isso é sobre-humano. Acho que nem a Bíblia é a favor do autoflagelo, porque isso é demais da conta — comentei.

Gilson concordou.

— Sabe, Gustavo, sou católico, mas não frequento a igreja. Aproveito pra rezar sempre que estou só — revelou, dando os primeiros sinais de sua devoção. — Você é de alguma religião? — perguntou.

— Não — respondi.

Por mais incrível que possa parecer, essa foi uma das raras vezes em que alguém não ficou me questionando, provocando ou tentando me converter, ao saber que não sigo religião alguma. Expliquei para o Furlanetto que tenho os meus princípios e tento me conduzir por eles.

— Acredito no ser humano — eu disse. Também contei que sou radicalmente avesso às religiões, mas que sempre respeitei as crenças de cada um.

— Não gosto de radicalismo religioso, mas já passei por situações na vida — disse, sem entrar em detalhes — que reforçaram minha convicção na existência de Deus.

— Acho que, se Deus existe, não deve se parecer em nada com essa imagem que a Igreja cultiva — expliquei.

— Concordo nesse ponto com você. Não sei como ele é, mas que ele existe, existe. Disto eu tenho certeza absoluta — retrucou Furlanetto, e contou que, certa vez, ouvira contarem que Jesus Cristo era negro.

— Isso eu acho que não — comentei. — Não creio que Jesus fosse um sujeito de barba castanha, pele caiada de branco e traços finos e suaves, como o Vaticano nos enfia goela abaixo há tantos séculos, mas sim que devido à sua antecedência hebraica, povo que levava uma vida nômade até se instalarem e desenvolverem na Palestina, devia ter a pele morena, barba e cabelos pretos e de fios grossos.

— Eu também não compro a imagem que a igreja vende de Jesus.

Gilson disse ainda não gostar, principalmente, do radicalismo praticado pelas igrejas evangélicas, que massificam sua doutrinação na cabeça das pessoas, o que é quase uma lobotomia. O motorista explicou que não concorda com a censura, como, por exemplo, a interferência dessas instituições na maneira de as pessoas se vestirem e pentearem os cabelos, mudando, por consequência, a natureza do indivíduo, de forma que o fiel se torna literalmente um cordeiro e passa a seguir cegamente as determinações de seu pastor, que maneja o seu rebanho como bem entender. Furlanetto tampouco concordava com a obrigação de doar à igreja bens materiais e dinheiro, mesmo que as pessoas estejam passando por sérias necessidades.

— Por essas e outras, gosto do catolicismo. É mais livre, respeita mais as pessoas e não tem preconceitos com outras religiões — justificou Gilson.

De fato, em alguns aspectos, a Igreja Católica pode ser mais maleável do que outras. No entanto, em seu âmago, continua sendo reacionária. Algumas concessões só foram feitas em decorrência da mudança dos tempos.

— Não tenho nada contra a fé ou crenças alheias. Mas as religiões, em algum ponto do presente ou do passado, têm seu lado negro — falei. — O papa Pio XII, por exemplo, era chamado o "Papa de Hitler", pois tinha apoiado os regimes fascista e nazista. A mesma igreja matou milhares de pessoas nos tempos da inquisição, por motivos pífios: bastava você acreditar que a Terra é redonda, ou que a Terra é que gira em torno do Sol, para que o taxassem de bruxo e o queimassem na fogueira. Por essas e outras, não gosto das instituições religiosas — argumentei.

— Pode até ser verdade. Mas acredito nisso que te falei. Minha fé, que era normal, foi despertada por causa de alguns acontecimentos em minha vida — explicou.

A conversa ocorria em tom normal, sem a menor exaltação: éramos apenas dois amigos expondo e defendendo nossas ideias, e em nenhum momento fomos ríspidos um com o outro. Gilson mantinha sua corriqueira serenidade, além da atenção na pista. Paramos no posto Jumbo para completar com diesel o tanque do caminhão, e aproveitamos para também abastecer nossos estômagos. Depois de forrarmos o bucho, tirei um breve cochilo na boleia do Stralis 380, muito mais confortável e espaçosa do que um carro de passeio convencional ou até mesmo uma sofrível cadeira de avião, com a única desvantagem de não haver serviço de bordo.

Saímos da BR-267 assim que entramos no distrito de Casa Verde e rumamos em direção a Nova Andradina, pela BR-276. Entramos no trevo de Andradina. Rodando na MS-480, faltavam apenas 50 quilômetros para finalmente deixarmos para trás o Mato Grosso do Sul. Na altura do Km 230 paramos no posto fiscal para declarar a carga que saía do Estado.

Lamentamos passar à noite pelo município de Rosana, no Pontal do Paranapanema — localizado no extremo-oeste de São Paulo, bem na divisa do Mato Grosso do Sul e do Paraná.

— Isso aqui é lindo. De dia dá pra ver melhor a água do rio e a Usina Porto Primavera — comentou Furlanetto.

Segundo o motorista, tínhamos rodado 12 mil metros ao lado da imponente usina. A essa altura, rodávamos pela SP-613, e podíamos ver a segunda usina da região, a Porto Euclides da Cunha.

— Na volta, quero ver se conseguimos passar aqui com o sol claro. Você vai gostar. Dá pra tirar muita foto boa que você pode usar no seu livro, ou mostrar em um álbum de viagens — planejou o motorista.

Passamos rapidamente pela região paulista do Paranapanema, sem cruzar com nenhum posto fiscal. O trecho ficou marcado em minha memória apenas pelos poucos pedaços de barragens que pude enxergar. Quanto à esplendorosa paisagem poética, só pude vislumbrá-la em pensamento, instigado por Furlanetto, já que cortamos a região em meio a um breu assustador que penetrava em nossas retinas, iluminado apenas pelos faróis dos veículos e algumas luzes das usinas. De concreto, o que pude constatar foi o lamentável estado de conservação da rodovia, repleta de buracos e desníveis, jogada ao léu por aqueles que deveriam administrá-la. Começou a chover.

  A chuva era incessante, e se intensificou assim que cruzamos a fronteira de Diamante do Norte, já no Estado do Paraná. Em Itaúna do Sul, a água derramada pelas nuvens tornou-se um dilúvio, cortado por fortes ventos que nos colocavam em uma real situação de risco: podiam tombar o caminhão numa curva, já que a carga estava muito alta no bitrem. Reduzimos a velocidade.

  As árvores tremulavam. Galhos eram vistos no chão. Raros pedestres, que pareciam ter sido pegos de surpresa, corriam em busca de um abrigo qualquer. Mas nem mesmo o assobio aterrorizante do vento foi capaz de levantar as saias de três rameiras que, mesmo sob um baita temporal, exibiam as formas de seus corpos sob a roupa já encharcada, grudada, em uma calçada de início de noite na cidade. Duas delas nos acenaram com suas palmas pálidas; a outra nos chamou com o dedo indicador. Pareciam curtir a chuva, que batia com violência no para-brisa do Stralis. Passamos pelas damas da noite e, dessa vez, a única coisa que o espelho retrovisor denunciou foi algumas risadas.

  — Elas devem ter pensado, "mas que bitrenzão, hein!" — brinquei. Caímos na gargalhada.

  A chuva só foi cessar nas imediações de Nova Londrina. Já na BR-376, avançamos por Naviraí e Maristela; perdemos a esperança de achar um posto decente para dormir justamente em Nova Esperança. A cerca de 40 quilômetros de Maringá, por volta da meia-noite, chegamos a um, onde, finalmente, conseguimos parar, novamente debaixo de chuva.

Que alívio — pensei, enquanto descia para esticar as pernas e tirar uma aguinha do joelho. Tudo corria bem no percurso de ida. Quando resolvi voltar para o caminhão, estava posicionado na contraluz e tudo parecia ainda mais escuro. Apressei o passo, e sem conseguir enxergar por onde ia, pisei em todas as poças de água possíveis. Meus tênis e meias estavam encharcados. Meu pé, gelado. Ao subir na boleia deixei meus pisantes na escada de acesso, protegidos pela porta do caminhão.

— Que merda. O tênis vai demorar pra secar e ainda vai feder a cachorro molhado — reclamei.

Gilson concordou, e o caso lhe valeu a última risada da noite.

Dessa vez não haveria nenhum hotel de beira de estrada para eu puxar um ronco. Tive que dormir lá mesmo, na boleia do Stralis. Como o leito tinha apenas uma cama de solteiro, Gilson pegou sua rede de dormir, esticou-a e a prendeu entre as duas portas do caminhão, com as duas extremidades para o lado de fora do veículo. Acostumado, embarcou rapidamente no sono. Eu continuei tentando, mas o sono, que me deixava cada vez mais mole, agora era dispersado pelo maldito tiquetaque de um relógio cuja existência eu sequer havia notado até então. Tive que esquecer minha habitual falta de paciência com barulhinhos infernais na hora de dormir e me deixei vencer pelo cansaço. Capotei.

Capítulo 8
Um dia de muitos significados

05/outubro/2008

Devia ser umas quatro e meia ou talvez cinco da madrugada quando fui acordado pelo ronco dos motores dos caminhões que partiam do posto, rumo a qualquer lugar. Mas Furlanetto seguia mergulhado no abraço de Morfeu a que se entregara poucos minutos depois da meia-noite. Voltei a dormir.

Despertei de novo por volta das seis e quarenta, apertado para tirar água do joelho. Procurei minha escova e pasta de dentes na bagagem; achei a primeira, mas a segunda não estava em nenhum dos lugares possíveis, devo tê-la esquecido no quarto do hotel em São Gabriel. Sem querer, acordei Gilson com o barulho da mala sendo revirada que tanto tentei evitar. Peguei meus tênis, do jeito que imaginava que estariam, e os calcei. Pelo menos estava usando meias limpas e secas. Quando abri a porta e desci do caminhão, pisando o chão com firmeza, uma sensação desagradável tomou conta dos meus pés.

— Merda — balbuciei. Os tênis não haviam secado completamente e, provavelmente, ao voltar para o caminhão, teria que tirá-los e às malditas meias, que ao invés de aquecê-los, esfriavam ainda mais os coitados que suportavam o peso do meu corpo.

Se lá no Mato Grosso havíamos pegado mais de 40º, chegamos ao Paraná com 16º, o que me fez acordar com a garganta seca e arranhada. A baixa temperatura persistiria por toda a manhã. Faltavam apenas dez minutos para as sete quando, finalmente, Furlanetto girou a chave no contato, ligou o motor e desengatou o freio de mão para sairmos do posto.

Vesti meu agasalho, subindo o zíper até o final da gola. Tentei permanecer assim por alguns minutos, mas o tecido roçava em minha barba por fazer. Abaixei o zíper. Meu celular estava com a bateria no talo e eu não fazia ideia de onde poderia carregá-la. Isso me deixou um pouco preocupado, pois precisava de algum meio direto de comunicação com minha casa em São Paulo.

Pela primeira vez na viagem pegamos uma estrada pedagiada. Estávamos na BR-376, sob concessão da RodoNorte, uma empresa do Grupo CCR. Fiquei pasmo ao constatar que o mesmo grupo que detém o sistema Anhanguera-Bandeirantes, considerado o melhor do Brasil, mantinha uma estrada em estado tão lastimável quanto a rodovia paranaense: buracos e ondulações por toda a sua extensão tornavam um abuso a cobrança de qualquer centavo para trafegar nesse trapo viário, que dirá os R$37,80 que pagamos no primeiro pedágio.

Entre os quilômetros 57 e 58 passamos por algo inimaginável:

— Lombada em subida é o maior absurdo que existe! — indignou-se Furlanetto.

Era mais um fator comprovando a falta de conhecimento das leis de trânsito por parte das próprias instituições públicas. Infelizmente, ainda é muito comum e facilmente verificável a presença de lombadas por todo o país.

Chegamos ao município de Jandaia do Sul. Nesse trecho nada aconteceu de especial, apenas a lembrança de um cd duplo gravado por Marcelo Nova em um show na mesma cidade — "Grampeado em Público". Bobeira ou não, a referência me veio imediatamente à cabeça, o que também me fez perceber que há dias não escutava um bom e velho *rock'n'roll*.

Gilson recebeu uma mensagem em seu celular, informando uma enorme confusão ocorrida no dia anterior: um grupo de bandidos travestidos de militantes políticos tinha arrebentado uma retransmissora de Jaciara, a fim de impedir que as pesquisas de boca de urna e os resultados das eleições municipais fossem divulgados. Ficamos estarrecidos e curiosos, mas não obtivemos outras informações sobre esse ato de vandalismo. Restou aquele sentimento de "se procurar acha, porque aí tem coisa".

Chegamos a Califórnia — não, não tínhamos nos "teletransportado" para a costa oeste americana. Estávamos no interior paranaense, onde descemos para tomar um café da manhã depois de esperar o comércio abrir, às nove horas do horário local. Só então me dei conta de que, finalmente, estávamos no horário de Brasília. Havia dois obstáculos à minha saída do caminhão: o primeiro, uma larga e extensa poça de água suja que se formara na beira da calçada, que eu deveria pular; e o segundo, uma fralda de criança toda "esmerdeada" repousada sobre o chão num ângulo de 90º com a porta do Stralis, que eu deveria evitar pisar. Da escadinha de acesso, saltei na diagonal.

— Ufa — respirei aliviado. Entramos na lanchonete Mazetão.

— Quero um café com leite e um rissole de queijo — pediu o faminto estradeiro.

Eu também queria beber alguma coisa quente. Mesmo não sendo minha bebida predileta, também pedi um café com leite e uma coxinha. Gilson perguntou ao homem que nos atendia atrás do balcão se ele sabia aonde poderíamos justificar o voto ali por perto. O sujeito, de cara redonda, bigodudo e cabelos curtos e grisalhos, vestindo camiseta cinza com listras pretas horizontais e um avental pardo — provavelmente o próprio "Seu Mazetão" — respondeu que por perto seria difícil, mas que poderíamos ir a algum lugar... Percebemos logo que não daria certo, já que estávamos com um delicado bitrem que dificilmente conseguiríamos estacionar.

Pagamos a conta e nos mandamos dali. Subir de volta no caminhão foi mais fácil do que descer. A lei seca no dia das eleições lembrou ao Gilson a proibição de se dirigir alcoolizado.

— Essa coisa de não poder beber na estrada é a melhor coisa. Às vezes, o cara vai almoçar e toma só um copinho com os amigos. Tem gente que toma cinco latas de cerveja e fica bem, inclusive com condições de pegar o volante. O problema é que, numa emergência, falta reflexo ao cara, e é aí que a merda acontece — opinou.

Gilson ligou o rádio. Na tentativa de sintonizar qualquer coisa por aquelas bandas, fomos surpreendidos por uma chamada do programa de João Cadela.

— Olha só! Toninho Mixaria, esse sim, é bom. O cara acabou de anunciar. Uns parceiros de estrada já tinham me falado do programa desse Cadela, disseram que eu ia gostar. Acho que só vai tocar gauchesco — se animou.

Passamos por mais um pedágio na BR-367 — mais R$37,80 para a RodoNorte.

— Acho que estão deixando a grana do pedágio acumular para só depois investir na estrada — brinquei.

— Deve ser — concordou Furlanetto.

Para complicar um pouco mais a vida dos que por lá trafegavam naquele dia, estava nublado, sob constante ameaça de chuva. Paramos para comer no Auto Posto Petrukão, onde ficamos por cerca de uma hora. Aproveitei para comprar uma pasta de dente e finalmente, após quase 24 horas, escovar novamente os dentes. Quando voltei para a mesa, havia um sujeito gordo e ruivo, de cavanhaque e sardas no rosto, mais parecendo um estivador irlandês, sentado próximo de onde estávamos. Tinha aspecto de banho tomado e vestia uma regata azul-marinho que deixava à mostra seus braços fortes, brancos e também sardentos. A camiseta parecia limpa, mas tinha jeito de uma roupa velha e confortável, como aquelas que costumamos transformar em pijamas depois de muito uso. O resto de seu corpo estava fora do meu ângulo de visão.

Sem que os garçons parassem de deixar fatias e mais fatias de carne de churrasco no prato do ruivo, ele se virou pra gente e, com uns três ou quatro suculentos corações escorrendo saliva de sua boca, nos perguntou:

— Vocês estavam lá em Campo Grande, não é? Na concessionária da Iveco?

Assentimos com a cabeça.

— Eu também estava lá. Vi vocês fazendo umas fotos... qual que era o problema de vocês? — botou mais um pedaço de carne na boca. — O meu era um cabeçote quebrado. Eles demoraram pra encontrar, mas conseguiram — relatou.

Gilson respondeu que tinha mandado cortar os para-lamas do caminhão.

— Também é um Stralis? Eu também mandei serrar os do meu — interrompeu o comilão. — Mandei fazer umas coisas a mais no caminhão...

— Tá puxando pra onde? — emendou Furlanetto.

— Tô indo pra Paranaguá, e vocês? — respondeu, já perguntando.

— Nós também. É capaz de a gente ainda se encontrar nesta viagem, mas agora tá na nossa hora. Precisamos votar e chegar a Curitiba pra pousar por lá esta noite. Tchau, cara, a gente se vê. Boa viagem — desejou Gilson.

— Pra vocês também. Boa viagem. A gente se vê por aí — despediu-se o ruivo.

Como quem não quer nada, Gilson comentou:

— Hoje faz exatos 20 anos da Constituinte de 05/10/1988.

Puta que o pariu — pensei. Esqueci o aniversário do Furlanetto.

— Putz. É verdade. É seu aniversário hoje. Meus parabéns. Desculpe, cara, eu não podia ter esquecido, deveria ter pagado o seu almoço... — eu disse, envergonhado.

— Que pagar nada que o quê... Obrigado — brincou.

— Que gafe. Me desculpe. Parabéns e muitas felicidades — falei.

Fiquei imaginando se teríamos uma rara oportunidade de jantar, ou se encostaríamos em algum posto onde eu pudesse comprar qualquer coisa, ainda que simbólica. Queria fazer algo, mas dependia de um pouco de sorte. Quem sabe na hora em que parássemos para votar...

— Sabe o que poderia ser um presente? — ele perguntou.

Curioso, devolvi:

— O quê?

— Se a Iveco colocasse um espelho no caminhão. Não tem um lugar pra gente se olhar aqui. Retrovisor não serve. Outra coisa muito legal seriam duas setas no painel, uma pra cima e a outra pra baixo, que indicassem se estou ou não em marcha reduzida, uma coisa importante. Tem como você falar isso pra Iveco? — perguntou.

Prometi que levaria todas as observações referentes à viagem, positivas ou não.

Na altura do quilômetro 436, passamos por mais um pedágio, onde Gilson deixou mais R$37,80 para a RodoNorte.

— Os pedágios aqui são muito próximos um do outro — comentei.

— Pra você ver... — lamentou.

Em Ponta Grossa, uma cidade do interior paranaense, paramos no Posto Contorno, onde Gilson desceu do caminhão e perguntou a um frentista se haveria algum colégio próximo dali para justificarmos o nosso voto. O caminhoneiro voltou para a boleia e me chamou:

— Vamos. Ele disse que é só a gente subir essa rua do lado. Uns cinco quarteirões.

Assim que descemos do Stralis, uma rameira de beira de estrada surgiu de trás de um caminhão estacionado próximo ao nosso.

— Nossa. É hoje que vai chover — disse languidamente a prostituta.

Estava a menos de dez metros e caminhava cambaleante em nossa direção. O suor de seu corpo se evidenciava a cada passo torto que dava. Sua magreza era espantosa, chegava a causar calafrios. Seu rosto, cheio de expressões indefinidas, muito se assemelhava ao de um zumbi. Seus cabelos pretos e sebosos escorriam até abaixo dos ombros, contrastando com a falta de pigmentação de sua pele. Seu colo parecia ofegante. Usava uma *baby look* cor-de-rosa com alguma estampa qualquer. Cobria suas partes com uma saia cor-de-rosa fluorescente, cobrindo uns quatro dedos abaixo de seu local de ofício. Poucas vezes presenciei uma cena tão degradante. Devia ter uns 20 anos, mas sua aparência deteriorada fazia com que parecesse uma trintona, com jeito de quarentona.

— Dá um real — pediu.

Dissemos que não tínhamos nada e saímos às pressas.

— Um beijo, então — provocou a senhorita.

Fomos até a tal rua ao lado. A meia dezena de quarteirões que o frentista havia mencionado estava numa interminável e íngreme subida. No cume da montanha, um motoqueiro parou à nossa frente, tirou seu capacete preto decorado com adesivos de surfe e esperou nossa aproximação.

— De que canal vocês são? — queria saber.

Respondi que de nenhum.

— Ué, mas você tá usando um colete escrito "imprensa". Você não veio cobrir as eleições daqui? Então é rádio? — insistiu.

Expliquei que não estava fazendo a cobertura das eleições em Ponta Grossa, mas uma viagem de caminhão.

— Ah, tá, achei que fosse mais importante — disse, e

colocou o capacete na cabeça. — Boa sorte no seu trabalho — completou, já acelerando sua 150 cilindradas.

Passamos o cansativo trecho e depois de outros 11 quarteirões chegamos à escola. Gilson justificou seu voto. Eu não: estava sem o número do Título de Eleitor.

Tivemos que pegar o caminho de volta. Durante a caminhada, procurei qualquer lojinha, apenas para comprar uma lembrança que marcasse o aniversário do Furlanetto, mas não achei nenhuma.

Enquanto descíamos a pé completando a epopeia, passou por nós um carro vinho. No banco do passageiro estava a putinha que havia nos abordado pouco antes. Nos reconheceu e deu um "tchauzinho" com a mão direita; seu rosto exibia um sorriso malicioso.

Dobramos a esquina, e estávamos de frente para o posto quando vimos a mesma profissional do sexo em disparada; seu chinelo ficou pelo caminho, ela parou e calçou seu ralo pisante, voltando a correr. Só parou ao lado de um Mercedes-Benz 1313, um modelo do arco da velha, de cor azul, com duas faixas alaranjadas na porta que estava aberta, onde a vimos negociando com o caminhoneiro.

— Essa aí deve ter "ânus" de experiência — brinquei.

Gilson riu.

— Com toda certeza — comentou.

De volta à estrada, reclamamos do fato de não podermos votar em postos autorizados na própria rodovia.

— Deveria ser possível justificar na Polícia Rodoviária Federal, em postos fiscais ou em qualquer local autorizado. É muito ruim, pra gente que vive na estrada, ser obrigado a mudar de rota só pra justificar voto... ou faço que nem o cara com quem conversamos no almoço e tantos outros, que não votam nem justificam. Pra que facilitar nossa vida se dá pra atrapalhar, não é verdade?! — reclamou Furlanetto.

Passamos por mais dois pedágios, no quilômetro 538

e no 131, onde deixamos R$39,20 e R$33,60, respectivamente, na BR277 — dessa vez sob concessão da Ecovias. Gilson começou a se mostrar apreensivo. Seria muito arriscado seguir até Paranaguá ainda naquele dia. Por todas as histórias que eu tinha escutado, a cidade me parecia um verdadeiro antro do submundo.

— Lá tem muito risco de assalto, entre outros problemas de segurança — disse.

O pedágio mais doloroso que atravessamos foi na altura do quilômetro 70, onde Gilson desembolsou R$67,20 em uma estrada não muito boa também. Pelo menos, passamos por alguns trechos em obras.

Gilson planejava dormir no posto Dois Irmãos, em Curitiba. A noite ia chegando e estávamos curiosos pelos resultados das eleições. Furlanetto sintonizou a rádio Massa FM, onde as parciais e resultados das cidades paranaenses e capitais eram noticiados e comentados incessantemente. Entretidos com o noticiário, acabamos passando do nosso ponto de parada.

— Caramba. Perdemos o posto. Que droga, eu tava distraído. Vamos tentar achar algum lugar decente antes de Paranaguá — lamentou.

Já estava escuro quando o celular do meu parceiro fez o alerta de uma mensagem. Gilson leu e começou a rir.

— Vou ler pra você. Olha o que o Celso, primo da minha esposa, escreveu pra mim: "Ganhamos! Fui eleito prefeito de Bandeirante! Também vencemos em São Miguel do Oeste. Este é o seu presentão de aniversário".

Nesse momento, Gilson revelou que o novo prefeito havia prometido a Leila um cargo de diretoria numa das escolas da cidade. A família, entretanto, não tinha planos de voltar a Santa Catarina, mesmo que a possibilidade não estivesse completamente descartada.

Despencamos um pouco mais no mapa e chegamos a Paranaguá. Pela primeira vez em toda a viagem, tive uma sensação de insegurança.

— Eu não queria ter chegado até aqui à noite. Você acredita que uma vez, voltando de Paranaguá, precisei reduzir a velocidade para passar sobre uma lombada, e de repente, um motociclista começou a buzinar. Não entendi o que ele queria, não sabia o que estava acontecendo. Por coincidência, uma viatura da polícia passava pelo local e ligou a sirene, vindo em minha direção. Fiquei assustado, alguma merda tinha: um vagabundo tentava roubar minha carga, tentava derrubar uns sacos de adubo, um produto bastante valorizado, uma vez que a agricultura do país está colhendo safras recordes, uma atrás da outra. Mas o cara fugiu e a polícia foi atrás dele. Não sei o que aconteceu, mas espero que tenham pegado o pilantra. Só mais tarde o motociclista conseguiu me explicar o perigo que eu estava correndo — relatou Furlanetto.

Estávamos procurando qualquer buraco minimamente seguro para puxar um ronco, quando vimos um *outdoor* do hotel Vieira's. Paramos para pedir informação. Gilson ligou a luz interna do caminhão e começou a procurar alguma coisa.

Eis que um maltrapilho começou a fazer uma série de sinais de longe, se aproximava em largos passos, rápido, mas não corria. O sujeito trajava uma camisa azul de futebol, mas de nenhum time conhecido (devia ser de uma equipe de pelada). Estava com uma bermuda vermelha, estilo surfista, e nos pés um chinelo de dedo verde. De pele parda, barba por fazer e cabelo curto e espetado, parecendo ter sido cortado recentemente com uma máquina 3 ou 4, parou na frente do Stralis estendendo a palma da mão esquerda, enquanto se dirigia até a porta do motorista:

— Espera — disse, meio impositivo. — Tão precisando de ajuda? Já têm onde dormir?

Furlaneto iniciou uma conversa:

— Esse Vieira's fica aonde? Tem algum posto seguro pra gente passar a noite?

O vagabundo disse que só responderia em troca de algum dinheiro. Com receio de sofrer um tipo de represália, Gilson pegou sua carteira, revirou-a disfarçadamente próxima ao câmbio, sacou uma nota de R$2,00 e deu pro cara.

— Só isso? Mas que miséria — indignou-se.

Meu parceiro se virou às bufas em minha direção. Pegou mais R$5,00 e deu para o "pidão". O maltrapilho indicou um posto para o Gilson e disse que me acompanharia até o hotel. Receoso, deixei meu colete de "imprensa", a máquina fotográfica e a mochila com o notebook na boleia. Saltei do caminhão apenas com a mala de roupa.

— Você tá ajudando ele? Deve ser legal, cara. Quando eu conseguir tirar minha habilitação vou querer trabalhar como caminhoneiro — revelou.

Fiquei pensando: *Tomara que você se torne caminhoneiro e encontre um "espertinho" assim como você pela frente. Que cara de pau!"* Respondi que estava acompanhando a viagem e estava gostando. Perguntou de onde estávamos vindo e contei que viéramos do Mato Grosso. Menos de um quarteirão depois — não dava para ver o Vieira's da rodovia, estava escondido atrás de outras edificações — estávamos à porta do hotel.

— Me dá uma ajuda aê — pediu, em tom afirmativo.

Fui até o *hall* do hotel e deixei minha mala sobre um sofá. Poderia dar uma de "João sem braço" e não sair pra entregar a grana pro mané, mas, se fizesse isso, estaria me colocando numa situação de risco. Ele poderia se vingar, aprontando alguma coisa contra mim ou contra o Gilson. Voltei para fora e entreguei a ele R$11,00 — mais do que o necessário, mas era a garantia de nosso sossego no dia seguinte.

Com um sorriso de orelha a orelha, ele desejou:

— Fica bem, irmão — como se fossemos grandes

amigos.

E de fato somos, pelo menos enquanto gente como ele estiver por perto.

Fiz meu *check-in* no Vieira's e o jovem recepcionista carregou minha bagagem até o quarto no primeiro andar. O segundo passava por reformas, tinha uma bagunça de colchões e materiais da obra em um dos corredores. O quarto, recém-pintado, exalava um forte odor de tinta quase fresca.

— Nossa. O cheiro está forte, não é?

Concordei. Ele pediu alguns minutos e saiu. Quando voltou, estava equipado com um frasco de Bom Ar, que borrifou várias vezes por todo o quarto. Inspirou profundamente e disse:

— Huuuummm... Tá vendo? Resolveu, não resolveu?

Concordei mais uma vez. Antes que fosse embora, me dei conta de que havia esquecido o carregador do meu celular na mochila do notebook, deixada no caminhão. Perguntei se ele teria um carregador para me emprestar. Respondeu que iria pedir para a sua mãe trazer um. Não trouxe. Talvez a entrada do cabo não fosse compatível...

Fiquei preocupado por estar incomunicável. Afinal, não teria como falar com o Furlanetto no dia seguinte.

Tomei um bom banho. Como estava verde de fome, ataquei o frigobar e não deixei quase nada nele. Na televisão só pegavam canais abertos. Fiquei frustrado. Não tinha nada que prestasse, só a repetição de resultados das eleições e análises manjadas das principais prefeituras do país. Como já tinha escutado muita baboseira no rádio do caminhão, não queria ser reinformado sobre a mesma coisa, mas estava sem sono. Vi tudo de novo.

Capítulo 9
Um monótono dia de surpresas

06/outubro/2008

O quarto tinha uma cortina fina, mas não tinha *blackout*. A luz de uma manhã fria, nublada e chuvosa me despertou por volta das seis da manhã. Liguei a televisão e estava passando um programa rural. Voltei a dormir. Acordei novamente às 6h51 e tornei a ligar a TV. Estava um tanto "sonado", mas não quis dormir de novo. Preocupado, resolvi tomar um banho para espantar o sono. Veio o espanto ao perceber que não havia água quente no chuveiro. Tomei frio mesmo.

Precisava encontrar uma forma de contatar o Furlanetto. Nossa previsão era sair para o porto ainda pela manhã, mas seria burrice procurá-lo a esmo. Até porque, segundo todos os relatos que tinha escutado até então, seria muito perigoso entrar sozinho em um dos maiores antros de bandidagem do país.

Encerrei minha conta às 9h20 e ainda não sabia o que fazer. Pedi para a recepcionista para usar o telefone. Liguei, mas o celular de Furlanetto tocava, tocava, e ele não atendia. Meia hora mais tarde consegui, finalmente, falar com o meu parceiro. Ele informou que estava no posto Minuano, no km 01 da BR277, e pediu que o encontrasse lá. Pedi para a recepcionista chamar um táxi, que chegou em menos de cinco minutos — um carro preto, com um motorista velho e desdentado a bordo.

Cheguei ao tal posto e logo de cara encontrei o caminhão do Gilson, mas ele não estava lá. Decidi vasculhar por perto, mas não o via em lugar nenhum. Voltei para o caminhão e pensei que, mais cedo ou mais tarde, ele voltaria. E foi mais tarde. Depois de meia hora de espera sob o vento gelado que se abatia sobre a cidade, Furlanetto se aproximou calmamente com outros dois sujeitos: Sandro José da Silva e Adriano Dickel, dois simpáticos e pacatos caminhoneiros. O primeiro era negro e vestia uma camiseta verde-limão. Ofuscado pela exótica coloração, nem consegui reparar no restante de suas roupas. Seu cabelo era bem ralinho, com uma risca definida por máquina de corte no lado direito da cabeça. Suas feições, de traços fortes, eram bem definidas. Já Adriano era loiro, branco, trajava um moletom que o protegia do frio, mas os demais detalhes foram igualmente ofuscados pelo verde-limão da camiseta de Sandro.

As notícias não eram nada animadoras. Tínhamos previsão de descarregar o caminhão ainda naquele dia, mas o carregamento só deveria acontecer na quarta-feira, já que o dia seguinte seria feriado municipal em Paranaguá, dia da padroeira da cidade, Nossa Senhora do Rosário — nunca compreendi por que a expressão Nossa Senhora virou nome próprio.

O pátio do posto estava forrado de sucatas travestidas de caminhões, com poucas exceções. Havia cavalos-mecânicos e implementos em deplorável estado de conservação.

— *Vixe*, você ainda não viu nada. Nessa terra, Jacaré e 1113 é coisa chique — brincou Adriano.

Furlanetto e Sandro confirmaram a brincadeira com caráter de informação.

— Teve uma vez que eu vi um troço absurdo. Sabe um Fenemê? Aquele caminhão velhaco? Então, dentro do porto tinha um, com a cabine toda arrebentada. Não tinha firmeza nenhuma, nem presa ao chassi estava. Você acredita que o motorista pegou três cintas, dessas que a gente usa pra fazer o alonamento, e prendeu na janela, por dentro? O vidro era uma coisa muito estranha, estava recuado. Aí ele passou essas cintas por cima daquela lata velha e as prendeu no chassi. E o pior, o caminhão continua andando. Não sei como consegue, como ninguém para e recolhe aquela coisa. É até perigoso — explicou.

Fiquei estarrecido com o relato, queria muito ver uma coisa dessas. Os demais motoristas não demonstraram o menor espanto.

— A gente vê cada coisa na estrada... você nem imagina. Coisas que não estão no gibi — revelou Furlanetto.

Gilson disse que a segurança no posto era feita por um único guarda.

— Ontem ele me disse: "Se fizerem qualquer coisa com você, soca o pé na buzina que eu resolvo" — lembrou o motorista, contando que o guarda levantou a camisa e expôs seu berro. — Pelo jeito, parece que às vezes é preciso.

Fomos almoçar no restaurante do posto ao meio-dia. O frio convidava, e enchemos o bucho, quatro pratos bem servidos. Um aparelho de televisão, no qual ficamos vidrados, exibia os gols da rodada de sábado do Campeonato Brasileiro de Futebol. Enquanto almoçávamos, dois pivetes, que não deviam ter mais do que cinco e sete anos de idade, pararam ao lado de nossa janela e ficaram nos chamando. Após uns dez minutos tentando ignorá-los, virei meu rosto para as crianças.

— Ei. Dá um trocado. Qualquer coisa — pediu o mais novo.

Peguei algumas moedas da minha carteira e dei pra ele. Os dois saíram de perto. Mas foi apenas o tempo de eu dar uma golada no refrigerante e o mais velho retornou para pedir mais dinheiro.

— Mas nós acabamos de dar pra vocês — argumentou Gilson.

— Não. Ele deu pro meu amigo. Ninguém deu nada pra mim — respondeu o moleque, na lata.

Não demos mais nada e ele se mandou. Durante todo o almoço vimos crianças na fila do *self-service* pedindo dinheiro para tomar conta do caminhão de algum motorista. A miséria humana da cidade, embora incomodasse, já não revoltava mais os caminhoneiros, anestesiados com a situação.

Durante o almoço, Gilson perguntou como eu tinha passado a noite. Respondi que tudo correra bem. Ele se mostrou preocupado com o marginal que tinha me acompanhado até o hotel.

— Eu disse pra ele não cobrar nada de você, porque eu já tinha pagado. Ele não pediu, não é? — quis saber.

Respondi que o cara pedira "uma ajuda" e que eu tinha dado R$11,00. Gilson achou muito, disse que eu não precisava ter dado tanto. Eu retruquei que não estava preocupado com a grana e que aquilo valera o nosso sossego. Furlanetto concordou.

Voltamos para o caminhão. Gilson foi apanhar qualquer coisa, enquanto fiquei no leito e liguei o notebook. Conectei o Messenger para ver se conseguia conversar com alguém de casa, mas não deu. Tentei carregar meu celular com a energia do computador. Consegui. Mais tarde descobriria ser algo elementar, mas que eu desconhecia.

— Registra aí, Gustavo, deve ser importante pra você. Do Cuia Cuia até aqui nós rodamos 1.802 quilômetros. Quando saímos de lá, o caminhão marcava 10.298 quilômetros percorridos, agora está marcando 12.100 quilômetros — calculou o preciso Furlanetto.

Tocou o celular de Gilson. Ele não queria atender, pois perderia os créditos. Mas era o Dirceu, que não podia ser ignorado. Fui comunicado de uma súbita mudança de planos. Após carregar no porto, Furlanetto deveria seguir para o Tocantins, e eu não teria mais como prosseguir a viagem. Não que eu não quisesse, mas seria preciso mudar tanta coisa que tive que optar por desistir. Se decidisse continuar na estrada, perderia, na melhor das hipóteses, uma semana preciosa, e não poderia arriscar. Afinal, como o próprio Furlanetto dissera no outro dia, "a vida do caminhoneiro é esperar", e eu não poderia me dar ao luxo de passar por novos atrasos, esperar mais ainda para registrar esta história. O prazo era curto.

Tentei um contato imediato com a assessoria de imprensa da Iveco, mas não tive sucesso. Liguei para o meu pai e pedi que ele o fizesse. Expliquei toda a situação e solicitei a transferência da minha passagem de Cuiabá para Curitiba ainda na noite de sábado, ou, no máximo, na manhã do dia seguinte: já que eu não poderia seguir a bordo do Stralis, também não poderia perder mais tempo, e quanto mais cedo chegasse a São Paulo, mais cedo começaria a escrever.

— A vida na estrada, para quem está no dia-a-dia, é mais dolorida. Quando você viaja a trabalho, a estrada tem outra cara. A passeio é melhor, você contempla a paisagem, pode estar com a família e sabe que vai chegar logo em casa, ou está de férias. Tenho a felicidade e a sorte de estar em um bom caminhão zero quilômetro, nos últimos três anos só rodei com zerinho, um a cada ano. Nem dá tempo de acontecerem problemas graves de manutenção — disse Gilson, meio embargado. Foi seu primeiro depoimento emocionado sobre a vida na estrada.

***

Descemos do caminhão e nos juntamos a Adriano e Sandro.

— Tá vendo aquela merda velha? — perguntou, apontando para um implemento que estava ao léu. — Velha e enferrujada? Então, você pensa que está abandonada. Mas não está, não. O cavalo-mecânico foi fazer manutenção e logo vem engatar essa audácia — descontraiu Gilson.

— Sabe aquelas tralhas de 1113, 1313 e 1513, quase tudo trucado? Tem gente que manda instalar quinta roda só pra puxar *container* nos portos — contou Sandro.

— Se você passasse mais uns dias por aqui, ficaria de cabelos em pé — alertou Adriano.

Fomos chamados para o porto às 15h10. Chegamos à Cia. de Produtores Armazéns Gerais às 15h25. O percurso é curto, e seria ainda mais rápido se a cidade tivesse sido adequada para receber esses enormes veículos de carga. Todo o caminho se mostrou bastante estreito para tanto bitrem que circula por lá Agora devíamos esperar somente mais algumas horas para descarregar as quase 40 toneladas de fardos de algodão do caminhão.

Ficamos conversando por um bom tempo, enquanto esperávamos o momento de descarregar. Adriano foi o primeiro dos três. Gilson estava na frente, mas cedeu sua vez para o Sandro, já que ele não iria carregar e voltaria pra casa.

— Quando chegar a minha vez, pode passar na frente, porque pra mim não vai fazer diferença. Já pra você, faz muita, afinal você vai voltar pra sua casa — solidarizou-se.

A essa altura, não havia mais o que fazer, a não ser continuar esperando. Decidi ir embora por volta das 4h30 da tarde. Pedi aos guardas da guarita o número de telefone de um ponto de táxi e eles me deram o contato de Netinho. Liguei pra ele, disse onde estava e fiquei esperando. Voltei com Gilson e Sandro para o Stralis 380 e peguei minha bagagem. Furlanetto não me deixou carregar a mala e fez questão de levá-la até o portão.

Quando chegamos, o taxista já estava à minha espera. Nos despedimos, Furlanetto e eu nos abraçamos e nos desejamos coisas boas.

— Avisa a gente quando sair o livro, porque eu vou comprar — afirmou Sandro.

Alojei a bagagem no interior do táxi preto e entrei em seguida. O motorista deu partida ao veículo, que foi se distanciando. Meus amigos ficavam cada vez menores no espelho do carro, e só sumiram do meu ângulo de visão, quando dobramos uma esquina.

— Pra onde vamos, chefe? — perguntou o taxista.

— Vamos para a rodoviária, mas antes preciso passar em um banco — respondi.

Netinho perguntou para onde eu iria viajar e o que tinha vindo fazer. Falei que estava indo pra Curitiba, porque embarcaria pra São Paulo na manhã seguinte.

— Participei de uma viagem de caminhão. Viemos do Mato Grosso até aqui, estou escrevendo um livro.

O motorista sorriu e sugeriu:

— Então, encerre o seu livro dizendo que você pegou um táxi comigo.

Tentei contatar o Gilson nos dias seguintes, mas não tive sucesso. Uma ou duas semanas depois, mandei uma mensagem para o celular, "Manda uma mensagem quando eu puder te ligar", pois sabia que poderia estar ao volante. Cerca de duas horas depois, recebi uma resposta confirmando: "Pode ligar".

— Fala, Gustavo, tudo bem? — ele atendeu, reconhecendo o número de telefone.

Estava em sua casa, em Jaciara. Não havia viajado para o Tocantins. Do porto, partira carregado de adubo para Buriti, em Minas Gerais. Depois, tinha rumado para a Bahia, município de Correntina.

— Só cheguei em casa ontem à noite e já estou indo de novo. Só vou almoçar e vou direto pra Nova Mutum, de onde vou carregar para algum lugar — explicou.

Sobre Paranaguá, Furlanetto contou que só saíra do porto às três horas da madrugada. Fiquei estarrecido com mais esse absurdo: ele havia passado 12 horas no local, é, a vida do caminhoneiro é mesmo esperar. Segundo Gilson me contou, o Sandro passou à sua frente e saiu às 11 da noite, tendo rumado para Curitiba de carona.

— Olha, Gustavo, o Jackson está aqui do lado e te mandou um abraço. Todo mundo aqui gostou de você — avisou.

Gostei de saber. Pedi que ele distribuísse meus abraços a todos. Nos despedimos e desligamos o telefone. Gilson Furlanetto voltara à sua vida estradeira, à sua rotina de esperas incessantes.

Esta obra foi composta em Minion 11/14.
Impressa com miolo em offset 75g e capa em cartão 250g,
por Createspace/ Amazon.

www.ingramcontent.com/pod-product-compliance
Lightning Source LLC
Chambersburg PA
CBHW071259040426
42444CB00009B/1788